第二版

城市管理执法办法理解与适用

顾问
应松年
(中国法学会行政法学研究会名誉会长、中国政法大学终身教授)
马怀德
(中国政法大学校长、中国法学会行政法学研究会会长)

主编
王敬波
(对外经济贸易大学教授)

撰稿人
(以章节为序)
申静　孟庆武　殷玉凡　崔瑜　刘茜　闫映全　王华伟　于昊

中国法制出版社
CHINA LEGAL PUBLISHING HOUSE

第二版序

　　城市管理行政执法是我国行政执法改革的"排头兵",为我国其他领域行政执法建设提供了宝贵的经验。住房和城乡建设部出台的《城市管理执法办法》为城管工作提供了明确的依据,解决了地方城管工作的诸多具有共性的实际问题。近年来,随着法治政府建设的全面推进,行政执法领域的法律制度更加丰富,以行政处罚法为代表的法律、法规、规章和其他规范性文件颁布或者修订,为城市管理行政执法提供了更健全的制度规范;以《法治政府建设实施纲要(2021—2025年)》为代表的党中央、国务院文件,对执法体制、执法规范性等又提出了进一步的要求。上述制度和政策方面的新发展、新要求,也为本书的修改提供了参考和动力,推动了本书的改版工作。

　　本次改版依然延续了第一版的著书思路,以《城市管理执法办法》的体例为结构。改版后,本书分为总则、执法范围、执法主体、执法保障、执法规范、协作与配合、执法监督、附则共八章,以《城市管理执法办法》的条文为基础，逐章逐条进行解读，分为条文理解、适用指导、案例评析三个板块。更为重要的是，本次改版深度结合了本书第一版出版之后新修订或者颁布的《中华人民共和国行政处罚法》《城市管理执法行为规范》《住房和城乡建设部关于巩固深化全国城市管理执法队伍"强基础、转作风、树形象"专项行动的通知》等与城市管理执法领域密切相关的法律、法规、规章和其他规范性文件中对行政执法的新规定，并结合《法治政府建设实施纲要（2021—2025年）》等法治政府建设领域的纲领性文件中对"全面推进严格规范公正文明执法"提出的新要求、近年来城市管理执法领域的新发展方向和出现的新问题，对相应章节的内容进行了如下的修订和补充：

第一章聚焦《城市管理执法办法》的总则，主要在"本章导读"部分增加了新修订的行政处罚法和党的十九大以来党中央、国务院文件中对行政执法体制改革的新要求，更新了文中行政处罚法的有关内容，并在"适用指导"部分增加了《中华人民共和国公职人员政务处分法》和《住房和城乡建设部关于巩固深化全国城市管理执法队伍"强基础、转作风、树形象"专项行动的通知》中对于执法规范性和执法责任的规定，对城管执法的基本原则进行了进一步的解读。

第二章聚焦执法范围，主要在"本章导读"部分结合党的十九届四中全会和《法治政府建设实施纲要（2021—2025年）》中对执法体制和执法队伍改革的有关要求，更新了行政处罚法、政府信息公开条例修改后的内容，并对城管执法信息公开进行了进一步的阐释。

第三章聚焦执法主体，主要在"条文理解"和"适用指导"部分更新了行政处罚法修改后的内容，并对执法人员的执法资格和执法培训等内容进行了进一步的解读。

第四章聚焦执法保障，主要在"条文理解"和"适用指导"部分更新了行政处罚法修改后的内容，并对城管执法中的"罚缴分离"和执法数字化建设进行了进一步的阐释。

第五章聚焦执法规范，在"条文理解"和"适用指导"部分更新了行政处罚法修改后的内容的同时，还对如何促进文明执法、如何落实重大行政执法决定法制审核制度和如何创新行政执法方式等内容进行了进一步的解读。

第六章聚焦城管执法的协作与配合，除在"条文理解"和"适用指导"部分更新了行政处罚法修改后的内容外，还对城管执法协作与配合的一些地方经验进行了介绍和解读。

第七章聚焦执法监督，除在"条文理解"和"适用指导"部分更新了行政处罚法修改后的内容外，还对执法监督和执法责任制的落实进行了进一步的解读。

第八章是对《城市管理执法办法》附则的解读，主要反映的是部门名称的变化。

在 2021 年修改后的行政处罚法等城市管理执法相关新制度的基础上，本次改版致力于通过结合实践经验与改革方向进一步提升本书的实用性与针对性，为一线城管执法工作人员提供有效的执法参考，也希望能对提高城管执法水平、促进城管工作法治思维和法治能力做出一定的贡献。

本次改版得到了中国法制出版社的大力支持，作者在此深表感谢。对于本书中的不当之处，也敬请广大读者批评指正。

王敬波

2022 年 9 月 4 日

第一版序

城市管理综合执法从作为相对集中行政处罚权的"试验田"开始，运行已近20年，在维护城市管理秩序、提升城市治理水平方面起着极为重要的作用。城市管理依法行政，这既是依法治国、实现社会主义法治国家的必然要求，也是实现国家治理体系现代化的必由之路。伴随着我国城市化进程，城市管理执法在实践中面临着一些问题，亟须立法予以明确和解困。国务院住房和城乡建设部出台的《城市管理执法办法》适时为城管工作确立了明确依据，解决了地方城管工作的诸多具有共性的实际问题，成为城管执法史上的里程碑。

如何深刻理解、准确执行《城市管理执法办法》？中国政法大学法治政府研究院院长王敬波教授主编的《城市管理执法办法理解与适用》很好地回答了这个问题。从这一部富有实践指导意义和理论提炼深度的著作中，我们可以清楚把握《城市管理执法办法》的亮点：一是明确了城管执法所应当坚持的基本原则。城市管理执法直接面向公民、法人或其他组织，若不依法行政，极易侵犯行政相对人的权益，损害城管执法队伍的形象，降低政府公信力。因此，城市管理执法必须遵循以人为本、依法治理等基本原则。二是明确了城管部门的组织领导体制和管理体制，解决了长期以来没有统一指导、监督和协调的中央机构的困境。三是详细规定城管执法保障以及执法规范。解决了城管执法的经费和技术保障问题，这是城管执法的前提条件。此外，还指明了城管应当严格遵守执法规范，坚持严格规范公正文明执法。

王敬波教授长期关注中国法治政府建设，尤其是对城市管理领域研究精深，始终在实证考察和理论探索的结合中迅疾前行，相关著作颇丰，理论造诣不凡，对于城管执法史上具有里程碑意义的《城市管理执法办法》，更以一个学者的深刻关注情结，力图为读者作出周详透彻的解读，这不仅体现在理论阐述的深入浅出上，而且体现在体例安排上。《城市管理执法办法》分为总则、执法范围、执法主体、执法保障、执法规范、协作与配合、执法监督、附则共八章，《城市管理执法办法理解与适用》依八章次序，以规章的条文为据，逐章逐条作出解读，运用条文理解、适用指导、案例评析三个层次进行剖解，条分缕析，紧扣实践，同时，还附有相关规定和相关法律，为读者提供了参照资料，具有很强的实用性和针对性，对于一线城管执法工作人员，是一部适时的实用教材，有助于进一步提高城管执法水平，对促进城管工作依法行政具有实际意义。同时，本书立足实践，从实践中提炼和验证理论，因而理论分析到位，对于教学科研工作者和关注城管执法以至法治政府建设的读者也是一部很好的参考著作。为此，我为读者庆幸，为作者鼓呼，高兴之际，乐为之序！

2017 年 4 月 27 日于北京世纪城

目 录

第一章 总 则 ············· 1
本章导读 ················· 1
条文理解 ················· 3
  第一条　【立法目的】 ········· 3
  第二条　【适用范围】 ········· 5
  第三条　【执法原则】 ········· 7
  第四条　【领导体制】 ········· 11
  第五条　【协调机制】 ········· 14
  第六条　【法治宣传】 ········· 16
  第七条　【公众监督】 ········· 17
适用指导 ················· 20
案例评析 ················· 33

第二章 执法范围 ············· 38
本章导读 ················· 38
条文理解 ················· 39
  第八条　【执法事项】 ········· 39
  第九条　【集中执法条件】 ······· 47

第 十 条 【行政强制措施】……………………… 50

第 十 一 条 【执法事项公开】……………………… 52

第 十 二 条 【权限协调】…………………………… 53

适用指导……………………………………………………… 55

案例评析……………………………………………………… 62

第三章 执法主体……………………………………… 65

本章导读……………………………………………………… 65

条文理解……………………………………………………… 65

第 十 三 条 【设置原则】…………………………… 65

第 十 四 条 【层级分工】…………………………… 74

第 十 五 条 【派出机构】…………………………… 76

第 十 六 条 【人员编制】…………………………… 78

第 十 七 条 【持证上岗】…………………………… 80

第 十 八 条 【协管人员】…………………………… 82

第 十 九 条 【法律保护】…………………………… 87

适用指导……………………………………………………… 90

案例评析……………………………………………………… 100

第四章 执法保障……………………………………… 105

本章导读……………………………………………………… 105

条文理解……………………………………………………… 106

第 二 十 条 【执法装备】…………………………… 106

第二十一条 【制式服装、标志标识】……………… 110

第二十二条 【工作经费】…………………………… 115

  第二十三条　【数字化城市管理平台、电话服务平台】 …………………… 120

  第二十四条　【鉴定、检验、检测】 ………… 127

 适用指导 …………………………………………… 129

第五章　执法规范 …………………………………… 137

 本章导读 …………………………………………… 137

 条文理解 …………………………………………… 137

  第二十五条　【执法程序】 …………………… 137

  第二十六条　【处罚与教育】 ………………… 144

  第二十七条　【执法措施】 …………………… 147

  第二十八条　【证据收集与保存】 …………… 151

  第二十九条　【被查封、扣押物品的保管与处理】 ………………………………… 154

  第 三 十 条　【禁设罚没目标、罚没所得上缴】 ………………………………… 155

  第三十一条　【法制审核制度】 ……………… 156

  第三十二条　【执法文书】 …………………… 159

  第三十三条　【送达】 ………………………… 159

  第三十四条　【执法信息公开】 ……………… 162

 适用指导 …………………………………………… 164

第六章　协作与配合 ………………………………… 178

 本章导读 …………………………………………… 178

 条文理解 …………………………………………… 178

第三十五条　【信息共享】 …………………… 178

　　第三十六条　【网格化管理】 ………………… 184

　　第三十七条　【协调与衔接】 ………………… 186

适用指导 …………………………………………… 191

案例评析 …………………………………………… 199

第七章　执法监督 …………………………………… 204

本章导读 …………………………………………… 204

条文理解 …………………………………………… 204

　　第三十八条　【投诉举报】 …………………… 204

　　第三十九条　【责任追究】 …………………… 207

　　第 四 十 条　【违法着装的责任】 …………… 211

适用指导 …………………………………………… 213

第八章　附　　则 …………………………………… 220

本章导读 …………………………………………… 220

条文理解 …………………………………………… 220

　　第四十一条　【参照】 ………………………… 220

　　第四十二条　【生效】 ………………………… 221

适用指导 …………………………………………… 222

附　录

一、规章全文

城市管理执法办法 …………………………………… 223

（2017 年 1 月 24 日）

二、相关规定

中共中央 国务院关于深入推进城市执法体制改革 改进城市管理工作的指导意见 ………… 231

（2015年12月24日）

住房和城乡建设部关于巩固深化全国城市管理执法队伍"强基础、转作风、树形象"专项行动的通知 ………………………………… 247

（2021年4月28）

住房城乡建设部关于印发城市管理执法行为规范的通知 ………………………………… 254

（2018年9月5日）

住房城乡建设部关于做好城市管理执法车辆保障工作的通知 …………………………… 261

（2016年10月26日）

住房城乡建设部城市管理监督局关于推行城市管理执法全过程记录工作的通知 …………… 263

（2016年11月8日）

三、相关法律

中华人民共和国行政处罚法 ………………… 265

（2021年1月22日）

中华人民共和国行政强制法 ………………… 287

（2011年6月30日）

第一章 总 则

※ **本章导读** ※

党的十八届三中全会做出的《中共中央关于全面深化改革若干重大问题的决定》和党的十八届四中全会做出的《中共中央关于全面推进依法治国若干重大问题的决定》均对深化行政执法体制改革提出要求,并提出推进跨部门综合执法。党的十九大之后,执法体制、执法制度改革进一步向前推进,党的十九届四中全会提出,深化行政执法体制改革,最大限度减少不必要的行政执法事项。进一步整合行政执法队伍,继续探索实行跨领域跨部门综合执法,推动执法重心下移,提高行政执法能力水平,落实行政执法责任制和责任追究制度。[①] 城市管理执法体制改革是我国行政体制改革和法治政府建设的重要组成部分,《法治

---

① 参见《中共中央关于坚持和完善中国特色社会主义制度 推进国家治理体系和治理能力现代化若干重大问题的决定》,载共产党员网,https://www.12371.cn/2019/11/05/ARTI1572948516253457.shtml,最后访问时间:2021年9月14日。

政府建设实施纲要（2021—2025年）》中要求，加大食品药品、公共卫生、自然资源、生态环境、安全生产、劳动保障、城市管理、交通运输、金融服务、教育培训等关系群众切身利益的重点领域执法力度。分领域梳理群众反映强烈的突出问题，开展集中专项整治。对潜在风险大、可能造成严重不良后果的，加强日常监管和执法巡查，从源头上预防和化解违法风险。[①]

城市管理执法作为相对集中行政处罚权、综合执法的"试验田"，业已在全国范围内全面铺开并得到相关政策和法律的肯定和支持。伴随着城市化进程的加快，城市管理执法中所遇到的难题越来越多。各种问题不断考验着政府的治理能力。明确城市管理执法的含义、执法依据的适用范围、执法基本原则、城市管理执法领导体制、建立有效的协调机制、加强宣传教育、积极为公众监督城市管理执法活动提供条件是有效开展城市管理执法的前提和基础。本章为总则，对城市管理执法具有宏观指导作用。

---

① 参见《法治政府建设实施纲要（2021—2025年）》，载中国政府网，http://www.gov.cn/zhengce/2021-08/11/content_ 5630802.htm，最后访问时间：2021年9月14日。

※ 条文理解 ※

第一条 为了规范城市管理执法工作，提高执法和服务水平，维护城市管理秩序，保护公民、法人和其他组织的合法权益，根据行政处罚法、行政强制法等法律法规的规定，制定本办法。

● 条文主旨

本条是关于本办法立法目的的规定。

● 条文解读

当今城市化进程日益加快，如何依法做好城市管理工作直接关乎城市经济发展和社会秩序正常运行。城市管理执法工作是城市管理的中心环节和关键所在，也是行政执法的重点领域。本办法的出台标志着城市管理执法工作自此有了中央层面的部门规章作为依据，开启了全国统一规范立法的新时代。实践中，城管执法作为行使相对集中行政处罚权的重要体现，对于解决行政执法中存在的执法机关之间职权交叉、多头执法等困境具有重要作用。城管执法在提升城市管理水平，促进执法规范化方面卓有成效。然而，任何制度都并非尽善尽美，城管执法在运行过程中面临着一些问题亟待理论和实践回应。城管执法的法律依据不够充分、执法过程中的不当行为屡有发生，影响了城管执法的公信力。在全国范围内看，城管执法缺少全国统一的规范直接影响和制约着城管执法发挥其作用。本办法改变了城市管理执法之前所呈现的地方分散立法的局面，通过中央层面的统一立法将实践中的经验加以固定化、法治化。

本办法在第一条表明《城市管理执法办法》的立法目的包括如下内容：一是规范城市管理执法工作，这是本办法的重要立法目的之一。"无规矩不足以成方圆"，城市管理执法工作在实践中暴露出城管执法规范化程度不高等问题，本办法从执法范围、执法主体、执法程序等方面对城管执法加以规定，为提升城管执法规范化水平保驾护航。二是提高执法和服务水平。执法是依法行政的关键环节，城管行政执法的水平直接反映出政府依法行政的水平和能力。本办法有利于提高城管执法和服务水平。此外，建设服务型政府是现代行政的必然要求，也是当前我国政府改革和发展的重要目标。城管执法融服务于管理之中，采用"疏堵结合"的工作理念和工作方式，以保证城市行政执法工作始终关注民生，服务于公众。三是维护城市管理秩序。城管执法在整个城市管理中居于重要位置，本办法旨在维护有序的城市管理秩序，建设宜居城市环境。四是保护公民、法人和其他组织的合法权益。保护公民合法权益是政府依法行政的重要内容和目标。实践中，城管执法直接与群众打交道，在执法过程中，需要采取某些强制性行政行为，有可能侵犯公民、法人和其他组织的合法权益。本办法旨在规范和控制行政权的行使，防止行政权恣意和权力滥用，以保护行政相对人的合法权益。

此外，本条明确了《城市管理执法办法》的立法依据为行政处罚法、行政强制法等法律法规。这意味着，该办法的内容不能与上位法——行政处罚法、行政强制法等内容相冲突。本办法属于规章，在法律适用时，如果与上位法相冲突，应当适用上位法。

● 相关规定

《中华人民共和国行政处罚法》第十八条。

第二条 城市、县人民政府所在地镇建成区内的城市管理执法活动以及执法监督活动，适用本办法。

本办法所称城市管理执法，是指城市管理执法主管部门在城市管理领域根据法律法规规章规定履行行政处罚、行政强制等行政执法职责的行为。

● 条文主旨

本条是关于本办法适用范围和城市管理执法定义的规定。

条文解读

本条第一款规定了本办法的适用范围。城市管理执法针对的是"城市管理"行为。从地域范围来看，哪些属于本办法中的城市的范畴呢？本条对此予以明确规定，即"城市、县人民政府所在地镇建成区内"。有关农村等地区的管理并不适用于本办法。

本条第二款对城市管理执法的内涵和外延进行了界定。首先，该条款明确了城市管理执法主管部门具体负责城市管理执法工作，承载着城市管理领域的相关职责。其次，关于法律依据，城市管理执法主管部门执法必须有相应的法律依据，城市管理执法行为不得超越法律规定。城管执法的依据包括法律、法规和规章。法律由全国人大及常委会制定。法规包括行政法规和地方性法规。规章包括部门规章和地方政府规章。需注意，规范性文件不得作为城管执法的法律依据。这主要是因为城管执法中多数属于侵益性行为，而规范性文件的法律位阶过低，其效力远低于上位阶的法律、法规和规章，按照行政处罚法和行政强制法的规定，规范性文件本身也不得设定行政处罚或者行政强制。因此，不能将规范性文件作为城管执法的依据。最后，城市管理执法行为包括行政处罚、行政强制等行政执法职责的行为。城市管理部门作为相对集中行政处罚权的重要产物，执法时常用手段即行政处罚和行政强制。相对集中行政处罚权制度将原来分散在各个部门的行政处罚权统一调整由城管行政执法机关来行使，这一改变有效避免了"多头执法"。但是诸如此类的行政强制性权力以国家强制力为后盾，极易侵犯公民权利和自由，其使用范围受到严格限制。在城市管理执法中，如果相对人能够自动履行义务，那么城管执法部门无须使用行政强制。如果采用劝导、示范、说服教育等柔性执法方式可以达到行政管理的目标，则不能采用行政强制。除了行政处罚和行政强制措施等行政行为以外，城市管理执法主管部门还可以采用其他行政执法手段，以达到执法目的。

相关规定

《中华人民共和国行政处罚法》，《中华人民共和国行政强制法》。

第三条 城市管理执法应当遵循以人为本、依法治理、源头治理、权责一致、协调创新的原则，坚持严格规范公正文明执法。

条文主旨

本条是关于城市管理执法原则的规定。

条文解读

本条规定了城市管理执法原则。城市管理执法原则是一种高度抽象的并能够集中城管执法的基本价值观念的规范，反映出本办法立法的基本精神。城市管理执法基本原则对城市管理的立法和执法工作能起到宏观指导作用，应当贯穿于城管执法的始终。此外，由于立法具有局限性，无法对所有具体事项进行规定，在存在规范漏洞的前提下，城市管理执法机关应当以本条规定的基本原则为指导进行执法活动。本条例规定的基本原则包括以下内容：

第一，以人为本。我国宪法规定"国家尊重和保障人权"。城市管理执法应当严格依照宪法的规定，充分尊重和保障当事人的人权，遵循以人为本的方式进行。城管执法的对象有许多是弱势群体，城管执法人员应当坚持以人为本的理念，采用人性化执法、柔性执法等方式进行管理。城市管理执法应当注意保护公民的人身权、财产权和人格尊严，以充分体现以人为本原则。

第二，依法治理。当前，建设法治国家、法治政府和法治社会是我国法治建设的重要目标。城市管理工作应当依法进行，这既是建设社会主义法治国家的必然要求，也是实现政府依法行政的重要保障。依法治理包括以下含义：一是依法治理要求城市管理工作依法进行，不得超越法律、法规和规章的规定。对于城市管理执法主管部门而言，必须在法定的权限范围内行为，不能超越法律的限制，超越职权所做的行政行为属于违法行政。二是依法行政意味着遵循正当程序。城管执法遵循正当程序既是城管执法实体的重要保障，同时程序本身也蕴含了自然正义等原则。城管执法应当严格遵守法定程序，表明身份、听取当事人陈述和申辩、说明执法理由，遇到应回避的情形时依法回避。

第三，源头治理。从源头治理是破解城管执法难题的重要法宝。城市管理工作千头万绪，简单地依靠突击式执法、"运动式"执法等方式治标不治本，在短时间内能够有一定的治理效果，但是从长远看，无法实现城市管理工作的目标。城管执法部门应当创新执法方式，实现源头治理。从源头治理要求城市管理执法部门综合运用大数据、云计算、算法等科技手段，深入调研、分析城市管理执法的难点所在以及产生的原因，进而从源头上找到实现城市管理规范化的方法。例如，合理规划区域允许公民在一定时间和地点摆摊设点，既可以解决摊贩堵塞交通等问题，同时也可以满足居民的生活需求。

第四，权责一致。"有权必有责"，行政机关享有职权的同时也应当承担责任。权责一致是依法行政的内在要求。一方面，城管执法需要有相应的权力保障，方能实现执法目标。另一方面,城管部门在行使行政职权时,需要承当相应的责任。城市管理执法部门应当对执法过程中发生的违法行政承担相应的法律责任。要摒弃只想进行执法活动而不愿意承担责任的思维。

第五,协调创新。一是协调。城管执法工作仅依靠城管部门一己之力难以实现,需要政府各部门通力协作,互相配合。建立跨行业、跨部门的长效协调机制对于城市管理工作大有裨益。二是创新。创新是一个国家发展的动力源泉。城管工作也不例外,也要发挥创新精神,主动适应新时代的发展。城市管理执法工作人员应当发挥主观能动性,不断创新理念和工作方式。例如,在大数据时代,依托互联网建立城市管理信息共享平台可以为提高城市管理的网格化、科学化、精细化水平提供有效的技术支撑。

城管执法在坚持上述原则的前提下,要坚持严格、规范、公正、文明执法。严格执法意味着行政机关不得进行选择性执法,而应当严格依法办事。规范执法意味着城市管理执法应当规范化,必须由具有执法主体资格的人员依照法定程序进行执法活动。公正执法要求城管执法工作人员办事公道,不徇私情,依法办事。要求城管执法人员合理考虑相关因素,不考虑与执法无关的因素,如家庭背景等。文明执法意味着坚决拒绝暴力执法。城管执法代表了政府形象,城管执法人员应当严格要求自己,不断提升自身素质和修养,坚决避免以暴力等形式执法。坚持严格、规范、公正、文明执法才能更好地实现政府善治,构建和谐的城市环境。

● 相关规定

《中华人民共和国宪法》第三十三条,《中华人民共和国行政处罚法》第一条,《中华人民共和国行政强制法》第一条。

第四条 国务院住房城乡建设主管部门负责全国城市管理执法的指导监督协调工作。

各省、自治区人民政府住房城乡建设主管部门负责本行政区域内城市管理执法的指导监督考核协调工作。

城市、县人民政府城市管理执法主管部门负责本行政区域内的城市管理执法工作。

● 条文主旨

本条是关于城市管理执法领导体制的规定。

● 条文解读

本条有关城市管理执法领导体制的规定在中央层面明

确了城管执法的指导、监督、协调的部门，并且按照行业管理的模式构建了全国统一的城管机构体系。

依据本办法第四条规定，中央层面由国务院住房城乡建设主管部门负责全国城市管理执法的指导监督协调工作，由此建立起自上而下的城管执法机构体制，在中央层面给城管机构确立了一个指导、监督、协调的部门。住建部在城市管理执法方面的职责权限主要集中体现在指导、监督、协调三个方面。上级行政机关具有人才、财力、技术等方面的优势，能更有效地统筹兼顾各方面的需求，其亦具有指导监督协调下级城市管理执法部门的能力和水平。

本条在适用时需要注意，国务院住房城乡建设主管部门对全国城管执法部门的执法行为进行指导、监督、协调工作，可以采取三种方式：一是指导，主要是指上级城管执法部门在业务上提供切实可行的劝告、意见、建议、答复等，这些均属于非强制性的方式和方法，不具有强制性效力，下级城管执法部门可以根据自身的实际予以适用。指导意味着住建部应当担负起指导全国城管执法工作的责任，对于城管执法进行全面指导，以保障下级城管部门能够建章立制，如指导城市管理执法主管部门运用执法记录仪等技术手段，实现执法活动全过程记录。二是监督，主要是指上级城管执法部门通过检查、督促、督察等方式，提升下级城管部门的执法水平，使各项执法行为更加合法、高效。监督意味着住建部应当监督下级城管部门依法行政，确保城市管理执法主管部门依照法定职权和法定程序开展执法活动。三是协调，城管职权关系到与政府许多其他职能部门之间的权限划分。为了避免互相推诿，国务院住房城乡建设主管部门应当担负起协调职责。

各省、自治区人民政府住房城乡建设主管部门负责本行政区域内城市管理执法的指导监督考核协调工作。省、自治区人民政府与国务院保持一致，上下对口，省、自治区人民政府住房城乡建设主管部门对于城市管理执法工作，其职责权限主要集中在指导、监督、考核、协调四个方面。具体表现为：一是指导，各省、自治区人民政府城乡建设主管部门负责指导本行政区域内城市管理执法工作。二是监督，各省、自治区人民政府城乡建设主管部门要强化对本行政区域内城市管理执法的监督指导，帮助下级城管执法部门解决执法实践中遇到的实实在在的问题。为此，各省、自治区人民政府城乡建设主管部门首先应通过培训、学习、引进专业性人才等，提升自身的业务水平和能力，加强对新情况、新问题的研究，及时提出相应的应对措施。各省、自治区人民政府城乡建设主管部门通过监督，可以了解城管执法的实际效果，掌握城管执法过程中有无越权、滥用职权、不作为等违法行为。此外，通过监督，还可以发现制约城管执法的关键因素所在，进而加以改进和补救。

概言之，监督可以有效督促城管工作人员依法行政，纠正违法或者不当行为，避免城管机关出现执法效率低下、侵犯公民权益等现象。三是考核，与国务院住房城乡建设主管部门相比，省、自治区人民政府住房城乡建设主管部门多了一项职能即考核。省级政府住建部门通过对本行政区域内城管执法部门的执法状况进行考核，可以有效掌握执法的实际情况，奖励先进，鞭策后进，有助于发现执法过程中存在的问题，对症下药，以更好地促进城管执法工作。在实施考核制度时，应当结合城管执法实践，制定一套科学有效的考核标准和体系，这是考核取得实效的基础。四是协调，在各省、自治区行政区域内的城市管理执法协调工作应当由各省、自治区人民政府住房城乡建设主管部门负责。

城市、县人民政府城市管理执法主管部门处于城市管理的一线，具体实施城市管理执法工作。因此本办法规定，城市、县人民政府城市管理执法主管部门负责本行政区域内的城市管理执法工作。

第五条 城市管理执法主管部门应当推动建立城市管理协调机制，协调有关部门做好城市管理执法工作。

● 条文主旨

本条是关于协调机制的规定。

● 条文解读

城市管理部门整合了原本分散在住房城乡建设部门、生态环境部门、市场监管部门、交通管理部门、水务管理部门、食品药品监管等部门的涉及城市管理的相关职能，将城市管理执法权从原来集审批、处罚、强制、监管等权力于一体的部门中划拨出来。城市管理执法将行政处罚权、行政强制权相对集中后，对行政权力进行了重新配置，前端管理中的行政权如行政许可权与末端执法中的行政处罚权、行政强制权分别归属于原职能部门和城市管理执法主管部门。行政许可权与行政处罚权的相互分离，改变了原来职能部门既当运动员又当裁判员的局面，可有效制约许可部门滥用行政许可权。然而城市管理执法事项千头万绪，牵一发而动全身，单纯依靠城市管理执法主管部门无法实现管理目标。城管执法涉及事项众多，与其他政府职能部门发生业务联系的概率较高，实践中城管执法仍常与其他部门存在职责交叉等情形。鉴于我国各部门之间协调存在一定难度，因此，本办法规定城市管理执法主管部门应当推动建立城市管理协调机制。具体而言，县级以上地方人民政府城市管理执法主管部门应当在本级政府建立的城市管理协调机制中积极发挥作用,协调有关部门做好城市管理执法工作。城市管理部门与其他部门应当建立联动机制,在遇到需要其他职能部门配合或协作的情形时,应当积极协调有关部门,确保各部门做好业务的衔接工作,保障城市管理工作的顺利进行。

第六条 城市管理执法主管部门应当加强城市管理法律法规规章的宣传普及工作,增强全民守法意识,共同维护城市管理秩序。

● 条文主旨

本条是关于法治宣传的规定。

● 条文解读

城市管理与公民的切身利益息息相关。城市管理执法部门要充分认识开展城管执法工作的重要性,加强宣传城市管理法律、法规。按照现代行政法理论,行政机关执法时存在多种可选择的手段,应当选择对相对人利益损害最小的方式。城市管理执法部门可以通过帮助、宣传、教育、劝导来使公众达到法律的要求。唯有全民形成尊法、守法的良好氛围,树立主人翁意识,自觉维护城市管理秩序,才能达到最佳的城市管理效果。法律意识的培育是一个宏大工程，除了加强法律教育、拓宽法制宣传的渠道和途径等措施外，实践中，各级执法部门及其执法人员在具体执法过程中的依法执法、摆事实讲道理等过程同时也是对当事人及周围群众进行法治宣传的过程，等于是在"执法讲法"和"以案说法"，这正是行政处罚法"处罚与教育相结合"原则的体现。

● **相关规定**

《中华人民共和国行政处罚法》第六条。

第七条 城市管理执法主管部门应当积极为公众监督城市管理执法活动提供条件。

● **条文主旨**

本条是关于公众监督城市管理执法活动的规定。

● **条文解读**

公众监督城市管理执法活动有利于督促城管部门依法行政，预防和减少腐败。

我国是人民当家作主的社会主义国家。公众监督既是人民当家作主的重要体现，也是预防和减少腐败的有效途径。在城市管理中，公众监督城市管理执法活动，有助于提高执法的透明度，促使城市管理执法主管部门依法行政。"绝对的权力导致绝对的腐败"，公权力应当受到监督和制约。公众通过投诉、举报、控告等方式对城市管理执法活动进行监督，可以形成有效的"倒逼"机制，督促其依法行使职权，减少怠于履行职责的不作为和超越职权、滥用职权等乱作为行为。拓宽公众监督渠道，让更多的市民参加到城市建设和管理中来，是未来城市管理工作必然的取向。此外，行政复议、行政诉讼和国家赔偿也属于公众监督城市管理执法活动的有效途径。公民、法人或者其他组织认为城市管理执法主管部门及其工作人员的行政行为侵犯其合法权益的，有权依法申请行政复议、提起行政诉讼或者请求国家赔偿。本条在具体的适用过程中，各地城管执法部门应注意如下几点：一是应当畅通投诉、举报等多种渠道，为公众监督城市管理执法活动提供条件。城市管理执法主管部门应当向社会公布投诉、举报电话及其他监督方式，例如12345热线。公民、法人或者其他组织发现城市管理执法主管部门及其工作人员有违法、违纪等行为可以依法向有关部门投诉、举报。城市管理执法主管部门应当积极为公众监督城市管理执法活动提供条件。公众监督的对象包括两个方面：城市管理执法主管部门及城管执法工作人员。城管执法过程中有可能存在超越职权、不作为、乱作为、"吃拿卡要"等违法、违纪行为,公众有权对其进行监督。二是应充分保障行政相对人的复议和诉讼权利。城管执法部门在作出行政处罚、行政强制等相关决定时,应当告知行政相对人的复议权和诉讼权。行政复议和行政诉讼,是防止和纠正违法或者不当城管执法行为,维护公民、法人和其他组织合法权益的重要制度。各地城管执法部门不得设置不合理的条件阻碍当事人复议权和诉讼权的行使。行政相对人申请行政复议或行政诉讼的标的,除了行政处罚、行政强制等具体的行政执法行为外,还可能包括该行政执法行为所依据的具有普遍约束力的规范性文件。这点在行政复议法第七条和行政诉讼法第五十三条已经作出了明确规定,各地应当保障予以落实。行政相对人提起复议或诉讼案件程序方面的具体规定,比如申请、受理、审查、作出决定等程序性问题,各地应当依照行政复议法和行政诉讼法的相关规定执行。

相关规定

《中华人民共和国行政复议法》第二条、第七条、第九条,《中华人民共和国行政诉讼法》第二条、第四十五条、第四十六条、第五十三条。

※ 适用指导 ※

本章内容在实践应用中需要注意以下几个问题：

一、如何在执法过程中贯彻城市管理执法的基本原则

在城市管理执法过程中应当遵守以人为本、依法治理、源头治理、权责一致、协调创新的原则，坚持严格规范公正文明执法。

（一）以人为本。城管执法如何体现以人为本呢？以摊贩管理为例，流动商贩给城市的环境卫生和正常市场秩序带来了一定破坏，但是也为公民的生活提供了便利。城市管理执法人员可以体现以人为本，采取划定特定区域、疏导、监管等方式，既可以为商贩提供生活保障，同时也有助于实现城市管理秩序。例如，某地城管在节日期间主要采取疏导方式，不一味禁止小商贩。[1] 内蒙古扎兰屯市城管局，针对流动商贩"打游击""捉迷藏""阻塞交通"等现象，要求队员树立"管理必先服务"的理念，给流动商贩设置"经营档案"，统一制作水果车、修车棚、修鞋亭，配备遮阳伞，形成整齐有序的摊点群，使流动商贩各

---

[1] 刘凯：《城市管理中的以人为本》，载《云南大学学报（法学版）》2009年第4期。

得其所,也方便了市民。①

(二)依法治理。城市管理执法部门应当依法行政,不得超越法定职责权限,必须遵循法定程序,这是依法行政、建设法治政府的必然要求。虽然大多数城管执法人员能够做到依法行政,但是依然存在少数城管人员不依法行政的情况,严重损害了城管形象,降低了政府公信力。城管部门必须努力提高执法人员的法律意识和法治思维,坚决避免出现暴力执法和选择性执法等方式,维护执法公信力。

建议加强执法业务培训工作,要严格日常监督、管理,定期组织增强执法人员法治能力和法治思维的培训,加强执法规范化建设,提升执法人员依法行政的能力和意识,确保每个执法人员都能树立依法行政观念,依照法定职责权限进行执法活动。此外还需要注意,城管执法应当严格遵守法定程序,要从思想上转变重实体而轻程序的错误观念。上海市城市管理行政执法局为了规范城市管理综合行政执法行为,促进严格规范公正文明执法,于2021年专门制定《上海市城市管理综合行政执法程序规定》,包括行政执法活动应当遵循的原则、管辖、回避、简易程序、一般程序、听证程序、行政强制、期限和送达等内容。

---

① 刘国昌:《以人为本管城市》,载《人民日报(海外版)》2013年3月15日。

(三)源头治理。城市管理是一个系统工程,许多违法现象屡禁不止就是由于未能从源头上进行治理。因此,不能仅"头痛医头,脚痛医脚",而应当从源头上进行治理,采取多种治理手段方可解决城市乱象。《住房和城乡建设部关于巩固深化全国城市管理执法队伍"强基础、转作风、树形象"专项行动的通知》中明确要求,各地城市管理执法部门要与相关职能部门建立沟通协作机制,发挥执法工作在一线的优势,分析研判城市管理问题,及时以执法建议函、监管通知单等形式,向职能部门、责任单位和属地街道反馈,推动城市管理问题源头治理。如现有的城市规划与配套措施无法满足居民日益增长的生活需求,因此,破解城市病的重要突破口在于政府提前做好城市规划,同时加大财政投入力度对老旧小区和城乡接合部地区的改造,增加配套设施建设。

(四)权责一致。城管作为行政机关,应当遵循权责一致的原则进行执法活动。城管执法部门要依照法律规定的权限范围进行执法活动,制定权力清单,不得超越法定的职权范围。有权必有责,城管在行使法定的公权力时,必须承当相应的法律责任。城管执法人员需要承担的法律责任包括政务责任和刑事责任。根据公职人员政务处分法第七条的规定,政务处分包括警告、记过、记大过、降级、撤职和开除。构成犯罪的,依法追究刑事责任。实践中,有些执法人员在执法过程中构成犯罪，将依法追究其刑事责任。城市管理执法部门及其工作人员在行使职权的过程中侵犯公民、法人或者其他组织的合法权益并造成损害，由国家承担赔偿责任。行政赔偿的侵权损害范围包括物质损害和精神损害两部分。赔偿义务机关赔偿后，有权进行行政追偿。国家赔偿法第十六条规定："赔偿义务机关赔偿损失后，应当责令有故意或者重大过失的工作人员或者受委托的组织或者个人承担部分或者全部赔偿费用。对有故意或者重大过失的责任人员，有关机关应当依法给予处分；构成犯罪的，应当依法追究刑事责任。"

（五）协调创新。运用科学技术打造数字城管、智慧城管。城市管理执法主管部门也要在城市管理和治理过程中锐意改革创新，探索新的城市管理手段，提升城市管理水平。实践中，各地方有一些先进经验值得总结和推广。随着互联网时代和信息时代的到来，打造数字城市和智慧城管业已成为城管改革创新的必由之路。以杭州市为例，杭州市曾被住房和城乡建设部确定为全国首批十个"数字城管"试点城市（区）之一。2006年8月，杭州市成为全国第一个通过国家建设部验收的数字城管试点城市，并被命名为"杭州模式"。2009年，杭州市组建数字城管信息处置中心，同时升格为副局级事业单位。杭州市"数字城管"运行遵循"第一时间发现问题、第一时间处置问题、第一时间解决问题"的原则,充分利用物联网、云计算等先进信息科技,努力打造数字城管、智慧城管,实现信息获取自动化、监督管理精细化、业务职能协同化、服务手段多样化、辅助决策智能化,通过信息资源整合实现城市管理全方位智慧化,全面提升城市管理水平。具体做法如下:(1)构建数字城管大平台。建立"横向到边、纵向到底、覆盖城乡"的数字城管统一平台,搭建起覆盖"市、区、街、社"的城市管理协同工作网络。以数字城管系统平台为基础,设立数字执法、地下管线、桥隧监管、节水监管、环卫作业 GPS 监管等子系统构成。(2)以政府购买服务的方式引进第三方信息采集公司,提高了城市管理效率。(3)数字城管的触角延伸到所有的社区城管服务室,社区发现问题可以通过数字城管系统交办、解决,做到"小事不出社区",畅通了社情民意收集渠道。同时坚持"贴近百姓、服务民生"原则,加强与民生 996 资讯广播电台的合作,通过"连线城管"栏目,不定时插播数字城管上报的影响城市安全、景观和涉及民生的突发事件,进一步拓展了数字城管为民服务功能。[1](4)立法保障。杭州市于 2008 年制定《杭州市数字化城市管理实施办法》,

---

[1] 王莉萍、蔡峻:《中国数字城管的"杭州模式"》,载中国城市网,http://www.urbanchina.org/n1/2016/0104/c369544-28010473.html,最后访问时间:2016 年 1 月 4 日。

开创了数字城管立法先河。

（六）严格规范公正文明执法。实践中，城市管理执法主管部门应当注重城管执法队伍规范化建设，不断增强执法人员的综合素质以及执法能力，以实现依法、严格、规范、公正、文明执法。《住房和城乡建设部关于巩固深化全国城市管理执法队伍"强基础、转作风、树形象"专项行动的通知》中明确要求，各地要认真落实《城市管理执法行为规范》，制定城市管理执法规程，推进严格规范公正文明执法。规范执法资格管理，严格执行执法人员持证上岗制度，认真落实行政执法公示制度、执法全过程记录制度、重大执法决定法制审核制度。市、县城市管理执法部门要制定行政处罚自由裁量权基准，统一执法文书格式文本。加强现场执法管理，严禁随意采取强制执法措施，杜绝粗暴执法、过激执法，让执法既有力度，又有温度。规范执法信息公开，提高执法透明度和公信力。许多省市在执法队伍规范化方面做出有益探索，取得一定成绩。厦门市城市管理行政执法局持续加强城管执法队伍规范化建设力度，制定实施队伍规范化建设工作方案和实施细则，细化任务分解，明确责任分工，强化监督考核。如厦门市湖里区城市管理执法局牢固树立"严格执法、文明执法、亲情执法、全心服务"的执法理念，在严格执法程序，确保执法过程规范化、标准化的基础上，积极推行亲情式执法和人性化服务。[①] 文明执法要求城管执法人员应当充分尊重行政相对人的人格，严禁带有侮辱、歧视性的语言或者动作。

二、城市管理执法领导体制的实践与指导

中华人民共和国住房和城乡建设部负责对全国范围内的城市管理执法进行指导监督和协调。实际上城市管理工作地方实践先于中央立法，由于城市管理的现实需求，各地早已纷纷展开城管综合执法工作的实践探索。四个直辖市均设立城市管理执法主管部门。北京市于2002年将北京市城市管理监察办公室更名为北京市城市管理综合行政执法局，对外以自己的名义行使职权。上海市、天津市、重庆市也均成立城市管理行政执法局或者市政管理委员会主管城市管理执法工作。其他省、自治区长期没有在省级层面设立城市管理执法主管部门，均由省级住房城乡建设主管部门负责本行政区域内城市管理执法的指导监督考核协调工作。

城市、县需要依照本办法设立相应的城市管理执法主管部门负责本行政区域内的城市管理执法工作。当前已有几十个城市出台地方性法规对城市管理工作加以规定，如

[①] 《持续加强城管执法队伍规范化建设力度》，载厦门市城市管理行政执法局网站，http://www.xmcg.gov.cn/gzcy/zxft/201702/t20170204_1516131.htm，最后访问时间：2017年4月10日。

《安庆市城市管理条例》《海口市城市管理综合行政执法条例》《锦州市城市管理综合执法条例》《云南省普洱城市管理条例》。建议尚未设立城市管理执法主管部门的城市、县依据相关组织法的规定尽快设立,以更好地实现城市管理。

上级城市管理执法主管部门如何对下级执法工作进行监督检查呢?监督机制是确保城管人员依法行政,保护公民、法人和其他组织合法权益的重要途径。各级城市管理执法主管部门应当畅通监督渠道,完善监督方式和手段,实行常态化监督,建立健全行政执法责任制。行政执法部门及其行政执法人员应对行政行为承担相应的行政执法责任。同时应完善行政问责制度,唯有真正实行行政问责制,方能起到监督的实效。

关于上级城市管理执法主管部门如何对下级执法工作进行考核的问题,上海市城市管理执法局的先进经验值得其他地区学习。上海市积极探索城管执法人员绩效考核机制。其中,嘉定、浦东、徐汇等区率先实施城管执法人员"积分制"绩效考核管理制度,建立起可量化的科学考评体系。具体而言,一是细化指标,积分考核"可量化"。建立网上个人积分管理系统,设置日常绩效考核、特殊绩效考核、年度绩效考核三项一级指标,并将三项一级指标细化分解成二十项二级指标和六十项三级指标,力求分值权重科学合理。其中,日常绩效考核主要考评执法人员办案数量质量、执法实效、纪律作风等方面工作情况,确定A、B、C、D、E五个评定档次;特殊绩效考核主要考评岗位贡献,对工作中表现优异的执法人员给予个人奖励;年度绩效考核主要根据日常绩效考核及特殊绩效考核情况,评定年度考核等次,作为个人评定先进、职务晋升的重要参考依据。二是奖惩并举,积分考核"重运用"。对于获得国家、市、区、街镇四级荣誉称号的城管执法人员给予加分;对违反城管执法工作规范、被投诉查实以及因个人失误贻误工作造成重大负面影响或带来重大损失的城管执法人员进行扣分;对年终总得分低于平均分的城管执法人员取消年终评先推优、职务晋升等资格;对年底总得分前10名的城管执法人员给予表彰;对积分考核管理制度不重视,连续两年得分排在末位的城管执法人员,由区局、街镇两级组织人事部门给予诫勉谈话、通报批评、岗位调整等处理。[①]

三、城管执法主管部门应当协调有关部门做好城市管理执法工作

与城市管理职责相关的政府部门有许多,包括住建、规划、生态环境、市场监管等。实践中,城管执法部门的部分职能不能很好地履行,主要原因在于协调工作难以开

[①] 《全市城管执法系统推行"积分制"考核 提升城管队伍管理效能》,载中国上海网,http://www.shanghai.gov.cn/nw2/nw2314/nw2315/nw18454/u21aw1185038.html,最后访问时间:2017年4月6日。

展。城市执法主管部门应当针对以下内容和其他部门协调。主要包括：一是前端行政许可与末端行政处罚的衔接；二是需要其他相关部门出具监测报告或者技术鉴定等事项；三是需要其他部门协查或者移送的执法事项；四是需要其他部门配合方能完成执法目标的事项。

北京市为了加强首都城市管理综合行政执法监管工作，于2013年出台规范性文件《关于加强首都城市管理综合行政执法监管的实施意见》，明确城市管理综合行政执法涉及市有关部门及属地政府工作职责。有关部门包括：市委宣传部、市监察局、市财政局、首都文明办、市编办、市法制办、市非紧急救助服务中心、市市政市容委、市住房城乡建设委、市规划委、市商务委、市国土局、市公安局、市交通委、市工商局等部门。其中，北京市住房城乡建设委依据职责负责房屋建筑和市政工程施工现场的相关管理工作，加大查处违法施工行为力度；负责房屋使用安全的监督管理，查处擅自改变建筑主体和承重结构等危害建筑安全的违法行为；负责对物业服务开展监督管理，查处物业服务企业的违法违规行为；负责会同相关部门综合治理房地产经纪机构、房地产开发企业影响环境秩序的各类违法行为。北京市国土局负责集体土地范围内涉及土地违法的违法建设查处工作，配合执法部门提供各类土地登记资料。市城管执法局负责本市城市管理综合行政执法工作的业务指导、统筹协调、指挥调度、督促检查,并根据职责权限行使相对集中处罚权;负责向市、区县政府或相关职能部门及时反映问题、通报情况;负责城管执法领域内跨区域、重大疑难或在全市有重大影响的违法案件查处工作。[1] 北京市东城区城市管理综合行政执法协调领导小组是区政府全面加强城市管理综合行政执法工作的议事协调机构,成员为区相关职能部门及各街道(地区)[2],其领导小组工作职责包括以下内容:负责落实市、区关于加强城市管理综合行政执法工作的意见和部署;研究审议城市管理综合行政执法的重大事项;统筹协调城市管理领域行政管理与行政执法衔接、综合执法与部门执法配合、市区执法联动工作;统筹推进城市管理综合行政执法工作的监督检查和考核评价。

南京市人民政府则设立城市治理委员会,组织、指导、监督考核城市治理工作,协调城市管理相关部门之间以及和其他政府部门的关系,这也是一次有益尝试。

---

[1] 《北京市人民政府办公厅印发关于加强首都城市管理综合行政执法监管实施意见的通知》,载北京市人民政府官网,http://www.beijing.gov.cn/zhengce/zfwj/zfwj/bgtwj/201905/t20190523_75400.html,最后访问时间:2021年12月23日。

[2] 《北京市东城区人民政府办公室转发区城管执法监察局关于调整城市管理综合行政执法协调领导小组成员及职责的意见的通知》,载数字东城网,http://www.bjdch.gov.cn/n3952/n3970/n381754/c1164412/content.html,最后访问时间:2017年3月20日。

四、建立全方位的公众监督机制

"绝对的权力导致绝对的腐败""权力必须受到监督"。城管执法是国家公权力运行的具体体现，依据人民主权原则，公民有权对城市管理执法等行政行为进行监督。城管执法不仅要实现执法的规范化，同时也要积极引入公众参与机制，以保障公众的知情权和监督权。实践中，许多省、市已经将公众参与机制引入城管执法活动监督，并取得良好效果。《南京市城市治理条例》第十二条第一款规定："任何单位和个人有参与城市治理的权利，以及维护市容整洁和公共秩序的义务，有权对损害或者破坏市容环境、公共秩序等行为进行劝导或者举报。"

城市管理执法主管部门应当积极为公众监督城市管理执法活动提供条件。具体可以从以下几个方面着手，畅通公众举报监督途径。一是设置城管热线。实践中，北京市城市管理综合行政执法局早在2001年即开通"城管热线"，这是一条专门受理群众举报、投诉、咨询和建议的综合性热线。2010年，北京市城市管理综合行政执法局再次对96310城管热线系统进行全面升级改造。根据案件处理流程的要求，新系统增加了电话回访、群众举报实时分析统计、电子地图等服务功能，开通了城管热线市、区、街，即市局、大队（分局）、分队三级受理、转办、反馈功能。[1] 近年来，北京市积极推行"接诉即办"改革，升级12345热线的功能，让"接诉即办"已成为北京城市运行的"晴雨表"、市民诉求的"呼叫哨"，推动包括城市管理执法在内的公众诉求的积极办理、主动治理和有效监督。[2] 二是设立局长邮箱。北京市城市管理综合行政执法局和上海市城市管理行政执法局均在官方网站设立"局长邮箱"接收公众的咨询投诉。三是开通网上举报平台。北京市城市管理综合行政执法局在网站设置"我要举报"专栏，公众在网上可以填写"举报对象、举报时间、事件描述"，并可以在"网上举报结果查询"系统对举报处理结果进行查询。厦门市城市管理行政执法局设立"执法人员违法违纪举报信箱"。除了网络平台，城市管理执法主管部门还可以通过信函、传真、邮件、微信公众号等多种途径，为公众监督城市管理执法活动提供条件，提升公众监督城管执法活动的广度和效率。

---

[1] 参见北京市城市管理综合行政执法局网站，http://www.bjcg.gov.cn/gzcy12/，最后访问时间：2017年4月7日。

[2] 参见《2020年北京市"接诉即办"各工作年度报告》，载首都之窗，http://www.beijing.gov.cn/hudong/jpzt/2020jsjbndbg/，最后访问时间：2021年9月13日。

※ 案例评析 ※

【案例一】城管机关不履责，可通过提起行政诉讼进行监督[①]

〔基本案情〕

甲公司以乙公司进行违法建设，对其练车场的正常使用造成影响为由，向其所在街道社区和区城市管理行政执法局等多个机关进行举报。但以上机关对其所反映事项均无任何处理。后甲公司将乙公司违法建设的问题举报至市委信访办，市委信访办将举报材料转至市城市管理行政执法局，后市城市管理行政执法局又将举报材料转至区城市管理行政执法局，但直至甲公司起诉时止，区城市管理行政执法局仍未对该公司的举报作出任何答复，故甲公司以区城市管理行政执法局为被告，向法院提起行政诉讼，要求判令被告履行法定职责。人民法院在本案一审过程中，被告区城市管理行政执法局意识到其不履行职责可能存在败诉风险，遂与甲公司经协调达成一致意见，同意受理原告的举报事项并在其职权范围内进行调查，即依照原告的申请，履行了相应的法定职责。故原告之后向法院提交了书面撤诉申请。法院依法裁定准许原告撤回起诉。

[①] 本书案例皆为作者根据工作、研究经验整理加工而成，以下不再提示。

〔专家评析〕

本案所体现的正是行政相对人通过提起行政诉讼对城市管理执法部门实施监督，从而保障自身合法权益的功能。当前，城管执法领域的行政不履责案件往往是因执法机关及其工作人员存在"懒政""惰政"方面的主观因素或者某些客观方面的原因而引发，这种行政不履责案件，与滥作为等作为类案件相比，法律关系往往较为明确，案件审理难度相对较低，只要行政机关依法履责，当事人之间的症结往往易于化解。城管执法实践中，不少行政不履责案件是行政相对人在向行政机关多次反映、投诉无果后，才选择通过诉讼方式寻求救济，通过行政诉讼的监督来保障自己的合法权益的。但是，我们看到，行政不履责案件一旦起诉，常常在诉讼期间就使纠纷得以快速解决。这从一个侧面凸显了行政审判这一外部监督机制对行政机关依法履职和依法监督的重大影响力。本案中法院在查清事实、分清是非的基础上，通过向不作为的行政机关释明法律规定和法律后果，以和解方式化解纠纷，实现对行政执法行为的监督，使得原告诉求在比较短的时间内得以实现，有利实现"案结事了"。

【案例二】 回应群众举报应当依据事实并符合法定程序

〔基本案情〕

沈某位于某市的一房屋在动迁、拆除范围内。拆除施工单位在施工现场设置了围墙作为围挡。沈某认为村民委员会在其房屋前建筑的围墙违反了法律规定,是违章建筑,故于2012年7月10日向区城市管理执法局邮寄举报信,要求区城市管理执法局依法查处违建围墙。区城市管理执法局收到沈某的举报信后,以口头答复的方式,告知沈某其举报的围墙是按规定要求设置的,不属于违章建筑。沈某对区城市管理执法局的答复不服,提起行政诉讼,请求确认区城市管理执法局认定"被举报的围墙不属违章建筑"的具体行政行为违法,并予以撤销,判令区城市管理执法局对其举报的围墙依法履行法定职责。一审法院认为,在房屋拆除工程开工之前,施工单位为文明、安全施工,在拆迁施工现场设置围墙进行围挡的行为没有违反相关法律法规规定,对沈某要求确认区城市管理执法局认定围墙不属违章建筑的具体行政行为违法并予以撤销的诉讼请求不予支持,驳回了沈某的诉讼请求。沈某不服,提起上诉。二审法院查明,区城市管理执法局于2012年9月24日对沈某作出的口头答复认定涉案围墙"是按规定要求设置的,不属于违章建筑"之时,村民委员会尚未取得《城市道路临时占用许可证》,涉案围墙属于违章占用道路。该局口头答复的主要证据不足,缺乏事实根据,依法应当撤销。沈某提起本案行政诉讼请求判令区城市管理执法局履行查处涉案围墙的法定职责之时,区城市管理执法局已经向村民委员会颁发《城市道路临时占用许可证》，违章占用道路行为已经改正。二审法院判决如下：一、撤销一审行政判决；二、撤销区城市管理执法局的口头答复；三、确认区城市管理执法局未履行对涉案围墙进行查处的法定职责违法。

〔专家评析〕

城管执法直接与公民、法人或者组织接触，极易引起行政争议。城管执法应当依法行政，遵循法定程序。行政诉讼法第六十九条规定："行政行为证据确凿，适用法律、法规正确，符合法定程序的，或者原告申请被告履行法定职责或者给付义务理由不成立的，人民法院判决驳回原告的诉讼请求。"由此可以看出，行政行为合法应当具有以下要素：证据确凿，适用法律、法规正确，符合法定程序。

本案中，区城市管理执法局的行政行为是否合法应当从以下角度进行分析判断。首先，该城市管理执法局是否具有执法权。依据该市关于城市道路桥梁管理的有关规定，单位和个人因国家建设、公用设施建设和其他有关事项需临时占用道路的，应报经城市管理部门审核同意，由城市管理部门核发临时占道许可证后，方可占用道路。由此可见，区城市管理执法局具有管辖权，应依据相关规定赋予的职权进行调查处理。其次，该城市管理执法局作出口头答复时，村民委员会尚未取得《城市道路临时占用许可证》，涉案围墙属于违章占用道路。因此，该局口头答复的主要证据不足，缺乏事实根据，依法应当撤销。最后，行政机关应当遵循法定程序，以书面的方式回复当事人。但是本案中该城市管理执法局仅以口头的方式答复，属于违反法定程序。综上所述，该行政行为不符合合法要件，应当予以撤销。

行政诉讼法第七十四条第二款规定："行政行为有下列情形之一，不需要撤销或者判决履行的，人民法院判决确认违法：（一）行政行为违法，但不具有可撤销内容的；（二）被告改变原违法行政行为，原告仍要求确认原行政行为违法的……"该城市管理执法局在沈某提起行政诉讼后，向村民委员会颁发了《城市道路临时占用许可证》，违章占用道路行为已经改正。因此，应当判决确认区城市管理执法局未履行对涉案围墙进行查处的法定职责违法。

第二章 执法范围

※ **本章导读** ※

党的十八届三中全会做出的《中共中央关于全面深化改革若干重大问题的决定》和党的十八届四中全会做出的《中共中央关于全面推进依法治国若干重大问题的决定》均对深入推进城市执法体制改革、推进行政处罚权的相对集中行使提出了新的要求。[1] 党的十九届四中全会对综合执法体制和执法队伍建设提出了进一步的要求。[2]《法治政府建设

---

[1] 党的十八届三中全会《决定》提出:"深化行政执法体制改革,整合执法主体,相对集中执法权,推进综合执法,着力解决权责交叉、多头执法问题,建立权责统一、权威高效的行政执法体制;减少行政执法层级,加强食品药品、安全生产、环境保护、劳动保障等重点领域基层执法力量。理顺城管执法体制,提高执法和服务水平。"

[2] 党的十九届四中全会《决定》指出"进一步整合行政执法队伍,继续探索实行跨领域跨部门综合执法,推动执法重心下移,提高行政执法能力水平"。参见《中共中央关于坚持和完善中国特色社会主义制度 推进国家治理体系和治理能力现代化若干重大问题的决定》,载共产党员网,https://www.12371.cn/2019/11/05/ARTI1572948516253457.shtml,最后访问时间:2021年9月14日。

实施纲要（2021—2025年）》中也提到，要完善权责清晰、运转顺畅、保障有力、廉洁高效的行政执法体制机制，大力提高执法执行力和公信力。① 第二章"执法范围"根据上述意见和实践中形成的执法经验，由第八条至第十二条共计五条，规定了住房城乡建设、环境保护管理、工商管理②、交通管理、水务管理和食品药品监管六大领域的具体城市管理执法事项，并对集中行使行政处罚权的事项所需满足的条件、行政强制措施、执法事项公开、权限协调等方面进行了规定。

※ 条文理解 ※

第八条 城市管理执法的行政处罚权范围依照法律法规和国务院有关规定确定，包括住房城乡建设领域法律法规规章规定的行政处罚权，以及环境保护管理、工商管理、交通管理、水务管理、食品药品监管方面与城市管理相关部分的行政处罚权。

---

① 参见《法治政府建设实施纲要（2021—2025年）》，载中国政府网，http://www.gov.cn/zhengce/2021-08/11/content_5630802.htm，最后访问时间：2021年9月14日。

② 根据《第十三届全国人民代表大会第一次会议关于国务院机构改革方案的决定》，组建国家市场监督管理总局，作为国务院直属机构。下文对相关机构改革前后的称谓、职能变化等不再作出单独说明，详见前述文件规定。

▇ 条文主旨

本条是关于城市管理执法事项的规定。

▇ 条文解读

执法范围历来是城管执法中最值得关注的问题,本条明确规定了城管执法的具体范围,即限定和明晰了城市管理执法的行政处罚权在住房城乡建设、环境保护管理、工商管理、交通管理、水务管理和食品药品监管六大领域中的具体执法职能。

住房城乡建设领域中与城市管理相关的部分主要是城市规划管理、市政管理和公用事业管理。

(一)城市规划管理。城市规划管理方面的处罚权主要针对违法建设行为,其包括:未取得建设工程规划许可证或者乡村建设规划许可证进行建设的;已取得批准的建设工程设计方案但未办理建设工程规划许可证的;未按照建设工程规划许可证或者乡村建设规划许可证的规定进行建设的;未在施工现场设立建设工程规划许可公告牌,对外公示建设工程规划许可证以及建设工程设计方案总平面图的;未经建设工程复测,擅自继续建设的;建设工程竣工验收后,擅自改变建筑物、构筑物和其他设施使用功能影响城乡规划实施等。

需要注意的是，对违法建设行为的查处要区分与规划行政主管部门的职责分工：1.新建小区规划验收前产生的违法建设和取得规划项目许可的代征用地上的违法建设，由规划行政主管部门负责查处；验收合格后的新生违法建设，由城管综合行政执法机关负责查处。2.凡逾期不拆除的临时建设工程（含临时建设工程建设或永久性、半永久性建设工程和施工暂设）；擅自改变住宅外立面、在非承重外墙上开门、窗的建设工程，由规划行政主管部门进行查处。3.已经取得建设工程规划许可证的建设工程在规划验收合格后又发生的以规划许可建设单位为违法建设主体的案件，由规划行政主管部门查处。其他违法建设案件，由城管综合行政执法机关查处。4.凡经规划行政主管部门做出罚款保留的案件，不论在罚款保留期间因城市规划建设需要拆除的，还是在罚款保留期限以后需要拆除的，均由规划行政主管部门负责查处。5.对各类占压管线的建筑物、构筑物，由管理部门负责提供基础台账，规划行政主管部门负责排查，确认违法建设。城管综合行政执法机关依据排查结果对无建设工程规划许可证和房屋产权证的违法建设予以拆除。

（二）市政管理。市政管理领域的执法主要是对与城市排水设施、城市道路照明、城市无障碍设施、城市防洪海潮设施有关的违法行为以及对承担市政工程设施养护、维修责任的单位履行不力行为的处罚。

其一，与城市各类设施有关的违法行为。城市各类设施使用维护方面的处罚权主要针对以下违法行为：破坏、盗取、拆除城市道路照明设施或其他影响城市照明设施功能；偷取、破坏管线井盖；破坏、损害城市排水设施；擅自占用、挖掘、破坏城市防洪防海潮设施；部分违法占用城市道路范围内无障碍设施；部分归属城市管理执法部门负责的机动车公共停车场（包括机动车公共停车库、机动车公共停车楼等停车设施）管理与处罚；违规设置架空线、架空线不符合许可决定或有效期满未清除、未按照规定实施架空线埋设入地下工作等。

其二，城市设施养护、维修不力的违法行为。城市设施养护、维修职责履行不力行为主要指承担市政工程设施养护、维修的单位未定期对市政工程设施进行养护、维修或者未按照规定的期限修复竣工，或者拒绝接受城市管理综合行政执法部门监督、检查等。

（三）公用事业管理。公用事业领域集中行使处罚权的事项主要包括公用热力管理、供热采暖管理、清洁燃料车辆加气站管理和消防管理等。

其一，城市热力管理方面的违法行为。城市公用热力管理方面的处罚权主要针对以下违法行为：未按热力技术规范设计、施工城市公用热力设施的行为，工程竣工的热力设施未经依法检验合格即投入使用的行为，以及违反如下要求行为：禁止占压、损毁热力管道及其他热力设施；禁止在热力设施用地范围内修建与供热无关的建筑物；禁止在热力管道及其附属建筑物上堆物堆料、取土、植树、埋杆等；禁止在热力管沟内接入雨、污水管和排放雨、污水及工业废液和易燃、易爆的有机溶剂；禁止私自挪动、改动热力计量仪表及其附件；禁止私放、取用热力管网软化水；禁止私自开关热力管网阀门；禁止损坏阀门的铅封。

其二，供热采暖方面的违法行为。供热采暖方面的处罚权主要针对以下违法行为：供热单位未到市政管理行政部门办理备案或变更手续的行为；供热单位未实施供热设施安全巡检制度的行为；供热单位在采暖期内，推迟、中止供热或者提前结束供热以及在非采暖期内擅自退出或者部分退出供热经营活动并影响用户采暖的行为；用户拆改室内共用供热设施、扩大采暖面积、增加散热设备或者装饰装修房屋妨碍对设施进行正常维修养护的行为；单位或个人擅自拆除、迁移、改建、变卖热源设施且未提供替代热源设施、影响用户采暖的行为。

其三，加气站及消防管理方面的违法行为。加气站管理方面的行政处罚权针对的违法行为是除公安消防、劳动、工商行政、技术监督、规划等有关部门职权以外的其他违法行为。消防管理方面的处罚主要针对人员密集场所的经营管理人未在使用天然气、液化石油气的场所安装浓度检测报警装置的情形。

关于环境保护管理、工商管理、交通管理、水务管理和食品药品监管方面与城市管理相关的部分的行政处罚权相对容易把握。根据《中共中央 国务院关于深入推进城市执法体制改革 改进城市管理工作的指导意见》，交通管理方面侵占城市道路、违法停放车辆等的行政处罚权；环境保护管理方面社会生活噪声污染、建筑施工噪声污染、建筑施工扬尘污染、餐饮服务业油烟污染、露天烧烤污染、城市焚烧沥青塑料垃圾等烟尘和恶臭污染、露天焚烧秸秆落叶等烟尘污染、燃放烟花爆竹污染等的行政处罚权；工商管理方面户外公共场所无照经营、违规设置户外广告的行政处罚权；水务管理方面向城市河道倾倒废弃物和垃圾及违规取土、城市河道违法建筑物拆除等的行政处罚权；食品药品监管方面户外公共场所食品销售和餐饮摊点无证经营，以及违法回收贩卖药品等的行政处罚权均包括在内。

其中，侵占城市道路方面的处罚权针对的违法行为较多，主要包括：擅自占用、挖掘城市道路；城市道路养护、维修工程施工现场未设置明显标志和安全防围设施；挖掘城市道路施工现场未设置明显标志和安全防围设施；占用城市道路期满后，不及时清理现场；挖掘城市道路竣工后，不及时清理现场；紧急抢修埋设在城市道路下的管线，未按照规定补办批准手续；未按照批准的要求（位置、面积、期限）占用或者挖掘城市道路；擅自拆改、移动城市道路设施或者设置障碍物；利用城市桥梁进行牵拉、吊装等施工作业在桥梁上架设压力在 4 公斤/平方厘米（0.4 兆帕）以上的煤气管道、10 千伏以上的高压电力线和其他易燃易爆管线；擅自依附城市道路、桥梁设置各种管线、杆线等设施；擅自在桥梁或者路灯设施上设置广告牌或者其他挂浮物；未对设在城市道路上的各种管线的检查井、箱盖或者城市道路附属设施的缺损及时补缺或者修复；擅自在城市道路上建设建筑物、搭建构筑物等。

需要注意的是，对于工商管理方面对户外公共场所无照经营的处罚以及食品药品监管方面的行政处罚权，要注意区分"室内"和"室外"，无照商贩具有无固定场所、流动经营的特点，而户外食品销售、餐饮摊点等也主要集中在"室外"活动，这种情况的处罚应当由城管执法部门管辖，而室内有固定场所但无照经营的活动则归工商行政部门或其他相关部门管辖。

另外，相对集中行使处罚权制度的推行是为了解决多头执法、交叉执法等问题，为了让执法部门降低行政成本、提高行政效率从而更好地服务城市，因此行政处罚法第十六条在明确规定行政处罚权的集中行使后，《中共中央 国务院关于深入推进城市执法体制改革 改进城市管理工作的指导意见》又对集中行使行政处罚权需满足的要求进行了详细规定,而本办法回应了职权法定原则的要求,仅就符合一定条件的事项规定可以集中行使行政处罚权,且局限在住房城乡建设、环境保护管理、工商管理、交通管理、水务管理、食品药品监管六大领域,明确界定了城市管理执法行政处罚权的范围。

本条除具有明确执法事项的作用外,也对城市管理执法部门的思想观念提出要求,即坚持依法行政,任何权力的划转、集中都要有法可依;坚持实事求是,权力的集中、划转要具有现实的必要性、可行性、紧迫性,契合立法目的。行政处罚权不可能在任何领域想集中就集中,一定要树立"集中是例外"的观念,避免任意扩张执法范围、滥用权力。

◐ 相关规定

《中华人民共和国行政处罚法》第十八条,《中华人民共和国道路交通安全法》第一百一十九条,《建筑工程设计招标投标管理办法》第三十二条,《中共中央 国务院关于深入推进城市执法体制改革 改进城市管理工作的指导意见》。

第九条 需要集中行使的城市管理执法事项,应当同时具备下列条件:

(一) 与城市管理密切相关;

(二) 与群众生产生活密切相关、多头执法扰民问题突出;

(三) 执法频率高、专业技术要求适宜;

(四) 确实需要集中行使的。

▣ 条文主旨

本条是关于需集中行使的城市管理执法事项所应具备的条件的规定。

▣ 条文解读

本办法第八条明确规定了城市管理执法集中行使的行政处罚权范围,是城管执法做到有法可依的前提。本条有两层含义,第一层含义是在第八条规定的六大领域内的城市管理执法事项如需集中行使,需要满足本条的四个条件,换句话说,第八条中六大领域内的事项也并不必然集中行使,而需同时满足本条规定的四个条件;第二层含义则是在第八条规定的六大领域外如果还有其他城市管理执法事项需集中行使,也必须同时满足本条规定的四个条件,这回应了纷繁复杂的社会现实需求,如果只将集中行使的行政处罚权范围限定在本办法第八条，容易产生"挂一漏万"的后果，但是本办法第八条规定以外的城市管理执法事项确需集中的，应当符合本办法第九条规定的条件。

第一，与城市管理密切相关。城市管理外延宽广，广义的城市管理囊括政治、经济、文化及市政管理；中义的城市管理指城市规划、城市建设和城市运行的管理。广义的城市管理涉及事务太过繁杂，城管执法不可能全部包揽。中义的行政管理涉及前期规划管理、中期建设管理与后期运行管理三个部分。城市规划与建设由专门部门管理监督即可，城管执法亦不必过多涉及。"狭义的城市管理主要指城市运行管理，涉及市政基础设施、公用事业、交通管理、废弃物管理、市容环境卫生管理、生态环境管理等。"① 而行政处罚权集中行使的目的在于维护城市秩序、服务城市运行，可见，行政处罚权的集中行使应主要以城市运行系统作为基本维度进行整合，即主要涉及市政基础设施、公用事业、环境保护管理、工商管理、交通管理、水务管理、食品药品监管等与城市运行管理密切相关的领域，而后适当兼顾城市建设和城市规划领域。

① 杨小军：《深入推进城管执法体制研究》，载《行政法学研究》2016年第5期。

第二，与群众生产生活密切相关、多头执法扰民问题突出。行政处罚权的集中行使不是为了集中而集中，最终的目标是在提高行政效率与服务实效的同时维护群众的合法权益。因此，行政处罚权的集中行使必须考虑该领域是否与群众生产生活密切相关，以及是否因牵扯多部门而存在职权交叉不清、行政效率低下、多头执法扰民等问题，如果并不存在上述问题，权力集中并无必要。因此集中行使应主要面向城市运行管理领域中的社会事务，而类似旅游管理、房地产管理等主要属于政府的经济职能，并不适宜整合进城管执法领域。但是并不是所有城市内的社会事务都应由城管执法进行管理，仍然要权衡是否与群众生产生活密切相关，比如对乞讨人员的收容救助就不宜纳入城市管理领域由城管执法部门进行管理。

第三，执法频率高、专业技术要求适宜。如果某类城市管理执法事项发生频率低，或者其要求复杂的技术检查、技术鉴定或者其他烦琐的检验程序才能查明违法事实，那集中行使对该类城市管理执法事项的处罚权不仅成本巨大，行政效率还会十分低下。因此，集中处罚权应主要集中在日常的、案情相对简单、能直接判断或者虽不能直接判断但不需进行复杂鉴定检查活动等对技术依赖较高的事项。

第四，确实需要集中行使的。该条件是对行政处罚权集中行使必要性的规定,即满足上述三个条件后还需在必要性上达到"确实需要"的程度才能集中行使。

● 相关规定

《中华人民共和国行政处罚法》第十八条。

第十条 城市管理执法主管部门依法相对集中行使行政处罚权的,可以实施法律法规规定的与行政处罚权相关的行政强制措施。

● 条文主旨

本条是关于城市管理执法主管部门实施相关行政强制措施的规定。

● 条文解读

行政强制措施虽不等同于行政处罚权,但与行政处罚权密切相关,是实现行政处罚权的必要条件和手段。依照法律规定对违法行为进行查处,首要的工作就是认定事实、收集和保存证据,如此才能做到先取证、后决定。如果缺乏必要的行使行政强制措施的权力,很多工作无法开展,行政处罚权的集中行使就会变成"空中楼阁"。

行政强制法第十七条第二款明确规定:"依据《中华

人民共和国行政处罚法》的规定行使相对集中行政处罚权的行政机关,可以实施法律、法规规定的与行政处罚权有关的行政强制措施。"这样,法律将行使行政强制措施的权力赋予行使相对集中行政处罚权的行政机关,应当说该条文回应了相对集中处罚权实施的现实需求,解决了开展工作与违法风险共存的棘手问题,为顺利开展行政处罚权的集中行使创造了符合法治要求的环境。行政强制措施主要包括以下几种:限制公民人身自由;查封场所、设施或者财物;扣押财物;冻结存款、汇款。例如,执法人员在处理不符合卫生标准的流动商贩时不仅具有对其依据相关法律法规进行处罚的权力,还有根据法律法规和现实情况扣押工具、财物的权力。

当然,尽管行政机关在行使行政处罚权过程中可以采用行政强制措施,但应注意行政强制措施的实施必须符合行政强制法的相关规定,执法人员应当遵守以下程序:实施前须向行政机关负责人报告并经批准;由两名以上行政执法人员实施;出示执法身份证件;通知当事人到场;当场告知当事人采取行政强制措施的理由、依据以及当事人依法享有的权利、救济途径;听取当事人的陈述和申辩;制作现场笔录;现场笔录由当事人和行政执法人员签名或者盖章,当事人拒绝的,在笔录中予以注明;当事人不到场的,邀请见证人到场,由见证人和行政执法人员在现场笔录上签名或者盖章；如情况紧急，需要当场实施行政强制措施的，执法人员应当在二十四小时内向行政机关负责人报告，并补办批准手续。行政机关负责人认为不应当采取行政强制措施的，应当立即解除。

另外，采取行政强制措施要注意比例原则的运用，即平衡目的与手段之关系，不能为了实现利益较小的行政目标而采用成本巨大的手段，换句话说，执法部门在执法活动中应当避免、减少对行政相对人造成不必要的损害，对不实施查封、扣押等行政强制措施就足以达到目的的，就不要实施行政强制措施。

● 相关规定

《中华人民共和国行政强制法》第十七条、第十八条、第十九条。

第十一条 城市管理执法事项范围确定后，应当向社会公开。

● 条文主旨

本条是关于执法事项公开的规定。

● 条文解读

《中华人民共和国政府信息公开条例》第一条明确规

定:"为了保障公民、法人和其他组织依法获取政府信息,提高政府工作的透明度,建设法治政府,充分发挥政府信息对人民群众生产、生活和经济社会活动的服务作用,制定本条例。"第二十条明确规定:"行政机关应当依照本条例第十九条的规定,主动公开本行政机关的下列政府信息……(二)机关职能、机构设置、办公地址、办公时间、联系方式、负责人姓名……(六)实施行政处罚、行政强制的依据、条件、程序以及本行政机关认为具有一定社会影响的行政处罚决定……"因为城市管理执法事项的范围涉及社会公众的利益,集中行使处罚权可能对社会公众的权利义务造成较大影响,所以确定城市管理执法事项范围后,应当及时向社会公开,以便保障社会公众的知情权、参与权和监督权,同时也是对相对集中行使处罚权制度的宣传和对社会公众的法制教育,有利于获得人民群众的理解和支持。

● 相关规定

《中华人民共和国政府信息公开条例》第一条、第二十条,《关于深化政务公开加强政务服务的意见》。

第十二条 城市管理执法主管部门集中行使原由其他部门行使的行政处罚权的,应当与其他部门明确职责权限和工作机制。

◐ 条文主旨

本条是关于城市管理执法权限协调的规定。

◐ 条文解读

调整确定城市管理执法事项范围，必须与其他部门明确职责权限和工作机制，避免集中后又出现多头执法、重复执法等问题。在综合执法范围内已集中行使的行政处罚权及相关的行政强制措施，有关行政管理部门不得再行使，否则就会因没有执法权限而导致执法行为违法。但是，有关行政管理部门法定的其他行政管理及监督职责，应当继续履行。明确职责权限和工作机制应当做好以下工作：

第一，明确执法依据。行政处罚权的划转必须有法可依才合法有效，因此要列明集中城市管理执法事项的执法依据，如行政处罚法、本办法及其他相关法律法规，并可做适当关于合法性的说明。

第二，制定执法事项清单。至少应包含具体实施主体、权力事项、实施主体履责情形、相对人违法情形、实施区域、实施主体违法追责情形等情况。

第三，明晰职责边界。实施相对集中行政处罚权的重要目的是防止和减少行政管理中可能存在的职权交叉、多头执法、重复处罚的情况,如果实施相对集中行政处罚权后仍出现这种问题,那就违背了相对集中行政处罚权制度的初衷,因此列明实施行政处罚的职责范围、明确执法部门与原有关机关的职责界定与划分十分关键。对于职责边界,还需注意的是区分城市管理执法部门与其他相关部门在违法情形类似的执法事项,合理划分职责权限,既要避免城管执法部门和有关部门出现新的交叉执法、多头执法,也要寻求有关部门的支持配合。

另外,城市管理及治理是一项系统工程,需要各部门配合联动,仅靠城市管理执法部门一己之力是难以实现城市"善治"的,因此城市管理执法部门要加强与其协作配合和信息沟通,切实维护和保障人民群众的合法权益。

※ 适用指导 ※

本章明确了城市管理执法的职责范围以及相关工作,是城市管理部门开展执法活动的前提和基础,本部分结合上述法条和解读,重点关注以下几个问题:不宜集中执法的范围、加强处罚权集中行使的评估工作、推进城市管理执法领域公开工作。

一、不宜集中执法的范围

尽管本办法明确规定了涵盖住房城乡建设、环境保护管理、工商管理、交通管理、水务管理和食品药品监管六大领域的执法范围,但是仍然要注意,根据职权法定的原则,行政处罚权的集中行使具有相对性,这是设定、划转相关权力所必须遵循的最为底线的要求和原则。

第一,特定的专属管辖不宜集中。《中华人民共和国行政处罚法》第十八条第二款、第三款明确规定:"国务院或者省、自治区、直辖市人民政府可以决定一个行政机关行使有关行政机关的行政处罚权。限制人身自由的行政处罚权只能由公安机关和法律规定的其他机关行使。"因此限制人身自由的行政处罚不能由城市管理执法部门行使。

第二,与城市运行管理核心事务无关的执法事项不宜集中。行政处罚权的集中行使是在对城市管理核心事务"打包"整合的前提下对法定事项进行集中管理执法,城市管理主要指城市运行管理,其核心事务主要包括市政基础设施、公用事业、交通管理、废弃物管理、市容环境卫生管理、生态环境管理等领域的城市运行管理,换句话说,行政处罚权集中行使的"范围"不包括政治、经济、文化等领域的事项,这是行政处罚权集中行使以提高行政效率、维持城市秩序、服务城市运行管理的目的所决定的。

第三,在执法领域、职能目的和行使区域不具关联性的执法事项不宜集中。执法领域的关联性是指，集中的城市管理执法事项应当属于城市运行管理的领域，不能将与城市运行管理关联不大的领域纳入集中行使的执法范围。职能目的的关联性是指，集中的各类城市管理执法事项在其立法目的上应当类似，集中行使可以解决重复执法、多头执法等问题，提高行政效率，例如绿化和市容卫生关联性较高，适合集中。行使区域的关联性是指，集中的城市管理执法事项一般不能侵入社区公共空间和私人家庭空间，应主要关注城市公共空间。集中行使处罚权是为了提高行政效率、降低执法难度与成本，如果将毫无关联的城市管理执法事项进行集中，不仅与行政处罚权集中行使的目的背道而驰，还会滋生很多问题。

第四，对专业技术依赖过高的事项不宜集中。集中的事项应当尽量避免该事项对专业技术依赖过高的情况，其内容应主要集中在日常的、案情简单、能直接判断且大量存在的违法行为。专业执法和综合执法在对专业技术依赖程度不同的执法事项上应当做好分工，过度依赖专业技术、案情复杂隐蔽的违法案件不宜交由综合执法部门处理。

第五，不能实现集中行使处罚权目的的情况不宜集中。行政处罚权的集中行使是为了避免多头执法、多层执法等情况，不能因为形成处罚权集中行使后，又出现新的权限交叉、多头执法、主体不明、权限不清等问题，因此对于本身并不存在职能交叉等问题的城市管理执法事项，并无必要集中。

二、加强处罚权集中行使的评估工作

正如前文所述，行政处罚权的集中行使是为了解决交叉执法、多头执法等问题，为了降低执法成本、提高行政效率、更好地服务城市。且集中行使处罚权必须有法可依，集中是例外而不是常态，因此对集中行使处罚权的实施情况进行持续的信息跟踪和评估调研极其重要，集中只是手段，重要的是保证实施集中的效果。

第一，确需集中的城市管理执法事项应符合本办法第九条关于设定集中行使城市管理执法事项所需满足条件的规定，即同时满足以下条件：与城市管理密切相关；与群众生产生活密切相关、多头执法扰民问题突出；执法频率高、专业技术要求适宜；确实需要集中行使的。

第二，应当对确需集中行使处罚权的实施效果进行评估，评估其是否足以解决多头执法、重复执法、执法扰民、效率低下、成本高昂等问题，评估其是否足以实现以人为本、服务群众、辅助城市健康运行的目标。如果某项集中处罚无助于解决多头执法、交叉执法，或是集中处罚的城市管理执法事项因过多依赖专业技术而导致执法效率低下，再或者城市管理执法事项超越了城市管理的范畴，那么该项集中处罚就无必要。

第三，应考察集中处罚的必要性及可行性。只有集中处罚具有现实的急迫性和可行性的，才可进行集中处罚。各地区可能存在差别迥异的问题和情况，因此相同的城市管理执法事项集中处罚的效果可能会大相径庭，甚至在有些地区，集中实施处罚权的效果反倒与立法目的南辕北辙。因此，需要坚持具体问题具体分析的原则，应关注和考察不同地区的集中处罚权实施的职责范围和实施区域，以及不同地区的机构设置、人员编制、经费保障和执法队伍建设情况等。特别是在进行基层综合执法改革的过程中，更要因地制宜、因时制宜、因事制宜，在充分评估的基础上推进执法权向基层转移的改革。

三、推进城市管理执法领域公开工作

城市管理执法事项范围公开的具体工作可依据 2016 年 1 月 11 日中共中央办公厅、国务院办公厅印发的《关于深化政务公开加强政务服务的意见》（以下简称《政务公开意见》）进行，《政务公开意见》就全面深化政务公开的重要性及总体要求、重点公开领域和公开方法、政务服务体系建设、监督保障措施等方面作了详细的规定。另外，从 2016 年开始，国务院每年都印发当年的政务公开工作要点。政务公开工作要点是对《政务公开意见》的具体细化和落实，对城市管理执法部门开展执法事项范围公开具有指导意义。

各地在城市管理执法领域公开工作上均有一定实践，其城市管理执法部门大多将机构职能、法律法规、执法信息、执法人员名录等予以公布。其中北京、上海按照城市管理执法的具体领域分类进行公布的经验值得借鉴。北京市城市综合管理行政执法局和上海市城市管理行政执法局网站均非常详细地公布了城市管理执法领域的法律法规、地方性法规和规范性文件。

另外，《中共中央 国务院关于深入推进城市执法体制改革 改进城市管理工作的指导意见》明确规定："……（十三）制定权责清单。各地要按照转变政府职能、规范行政权力运行的要求，全面清理调整现有城市管理和综合执法职责，优化权力运行流程。依法建立城市管理和综合执法部门的权力和责任清单，向社会公开职能职责、执法依据、处罚标准、运行流程、监督途径和问责机制。制定责任清单与权力清单工作要统筹推进，并实行动态管理和调整。到2016年年底，市、县两级城市管理部门要基本完成权力清单和责任清单的制定公布工作……"因此公布城市管理执法领域权责清单也十分重要。

各地公布的权责清单具体方式不甚一致，如河北省石家庄市城市管理综合行政执法局官网在"城管局简介"板块公布了"石家庄市城市管理综合行政执法局权力清单"，其内容包含项目名称、类别、实施依据、实施对象、办理时限、收费依据及标准、承办处室、备注。① 上海市城市管理行政执法局官网在"信息公开—公开内容"中的"权力清单和责任清单"板块公布了综合管理执法领域的行政处罚权责清单,其内容包括权力类型、权力名称、责任事项和责任形式。②

尽管各地公布的权责清单不太一样,但基本包含了权力类别、权力依据、履责主体、履责方式和责任形式。根据《中共中央 国务院关于深入推进城市执法体制改革 改进城市管理工作的指导意见》,建议城市管理执法部门尽快梳理法律法规规章中涉及住房城乡建设、环境保护管理、工商管理、交通管理、水务管理、食品药品监管方面的行政处罚权,并依据本办法第九条关于集中行使处罚权条件的规定尽快完成相关权力划转,制定和优化权力和责任清单,向社会公开职能职责、执法依据、处罚标准、运行流程、监督途径和问责机制。

---

① 参见石家庄市城市管理综合行政执法局网站,http://cgj.sjz.gov.cn/col/1505204794333/index.html,最后访问时间:2021年9月15日。
② 参见上海市城市管理行政执法局网站,https://cgzf.sh.gov.cn/channel_67/index.html,最后访问时间:2021年9月15日。

※ 案例评析 ※

【案例】城管执法部门对于属于法定职责内的事项应当积极处理

〔基本案情〕

谈某某、于某某居住的楼房住宅与楼房底层的甲酒家属相邻关系。甲酒家在其东侧墙上安装5匹空调外机、北侧墙上安装遮雨棚及一排水斗。某年7月7日，于某某以电话形式向有关部门反映，请求对住房底层违章搭建开设饭店和点心店的违法扰民行为进行整治。随后，区信访办转交区城管大队处理，9月9日，区城管大队书面答复于某某，以该问题不属该市城市管理相对集中行政处罚权有关执法依据中规定的执法范围为由拒绝履行职责。次年5月，于某某、谈某某向人民法院提起行政诉讼，要求撤销区城管大队作出的书面答复，判决区城管大队履行法定职责，拆除甲酒家在东侧墙上安装的5匹空调外机、北侧墙上的违章棚及一排水斗。

一审法院认为，根据该市城市管理相对集中行政处罚权有关执法依据的规定，区县城市管理综合执法部门具有在辖区内行使相对集中行政处罚权的职责，故区城管大队具有该案的执法主体资格。区城管大队收到有关部门转办的于某某反映甲酒家相关情况的来电处理单后，未予立案，亦未进行事实核查。区城管大队应履行对于某某反映的情况作出处理的法定职责。遂判决：区城管大队在判决生效之日起六十日内履行对谈某某、于某某反映的事项作出处理的法定职责。判决后，谈某某、于某某仍不服，提起上诉。

二审法院认为，根据该市城市管理相对集中行政处罚权有关执法依据的规定，被上诉人具有行使市容环境卫生管理、环境保护管理、房地产管理等方面部分行政处罚权的法定职责。被上诉人收到有关部门转办的来电人为于某某的来电处理单，内容为要求对其住房底层违章搭建开设饭店和点心店，以及噪声、油烟等影响居民正常生活的问题加以整治。于某某反映的情况可能涉及被上诉人执法范围内的市容卫生、环境保护、房屋管理等方面问题，被上诉人应当在调查核实后，对于某某反映的情况作出处理决定。原审判决被上诉人限期履行对谈某某、于某某反映的事项作出处理的法定职责，并无不当。二审法院判决：驳回上诉，维持原判。

〔专家评析〕

该案是典型的城管执法部门不履行职责而导致败诉的案例。根据该市城市管理相对集中行政处罚权有关执法依据的规定，区城管大队具有行使市容环境卫生管理、环境保护管理、房地产管理等方面部分行政处罚权的法定职责，其不履行职责属于行政不作为，导致败诉。由此可见，城管执法部门行使处罚权所要做的第一件事就是判断该事项是否属于相关法律、法规、规章所规定的执法范围，如果属于明确规定的执法范围而不作为就会构成违法；如果不属于明确规定的执法范围而行使处罚权也构成违法。可以说，执法范围的判断是执法人员进行执法活动时需要跨过的第一道"关卡"。

第三章 执法主体

※ **本章导读** ※

自1996年行政处罚法颁布实施以来,城市管理执法体制的改革与探索已走过20年的历程。建设一支权责清晰、事权统一、精简效能的执法队伍,无疑是这一改革和探索中的重要组成部分。近年来,随着执法体制改革和基层综合执法队伍建设的不断推进,城管执法体制又迎来了新的发展机遇。本办法第三章,即第十三条至第十九条共七个条文对城市管理执法主体作出了相应的规定。

※ **条文理解** ※

第十三条 城市管理执法主管部门按照权责清晰、事权统一、精简效能的原则设置执法队伍。

▶ 条文主旨

本条是关于城管执法队伍设置原则的规定。

▶ 条文解读

本条规定了城市管理执法队伍设置过程中需要遵循的三项原则,即权责清晰、事权统一、精简效能。这三项原则是职权法定原则、行政效率性原则在城市管理执法领域中的演进与体现,也是对过往城市管理执法实践中突出问题的回应和已有经验的提升,更是对党的十八大以来中央系列有关城市管理执法体制改革政策论述及精神的贯彻与落实。

一、权责清晰原则

就城市管理执法队伍建设而言,权责清晰原则的实质内涵可从以下几个方面获得理解和把握。

1. 该原则是职权法定原则在城市管理执法队伍建设中的演进与体现。在经典的行政法理论中,职权法定原则的基本含义包括三个方面:(1)行政机关或法律法规授权组织及其工作人员所行使之职权必须依法取得,没有法律的依据,行政职权就没有其存在的合法性基础,也就失去了对抗其他组织或者个人的强制力和优先性;(2)行政机关或法律法规授权组织及其工作人员依法享有的行政职权必须依法行使;(3)违反职权法定原则要承担相应的法律责任，即权责统一。① 作为规范全国城市管理执法队伍（组织与人员）建设的原则，本条规定中的权责清晰原则理所当然地应承载职权法定原则的基本内涵，唯有如此，城市管理执法队伍的执法行为才能获得组织法意义上的合法性认可。也就是说，权责清晰原则的法律内涵理应体现职权法定原则的基本要求，以解决实践中长期存在的对城市管理执法组织及其执法行为合法性的疑问。

2. 权责清晰原则是对城市管理执法实践中长期存在的权责不清问题的直接回应。行政处罚法第十八条规定的相对集中处罚权制度，主要是针对当时城市管理执法实践中普遍存在的行政执法部门过多、权力分散、多头执法、多层执法、重复执法、权责脱节、执法违法等问题。实践表明，相对集中处罚权制度在一定程度上缓解了"条条"之间的矛盾，推进了"条块"之间的结合与执法重心的下移。但是，由于相对集中处罚权制度缺少组织法等法律、法规层面的权威性、配套性制度支持，城市管理执法机构一直面临执法机构本身合法性诘问、执法依据交错盘结、执法权限模糊不清等系列难题，尤其是执法责任交叉、职能重叠，扯皮推诿等复合型问题不断呈现且趋向严重。为深入推进行政审批制度改革，加快政府职能转变，提升政

---

① 参见张树义主编：《行政法学》，北京大学出版社2012年版，第28~29页。

府治理体系与治理能力的现代化，打造有限、有为、有效的法治政府和服务型政府，党的十八届三中全会首次提出了"推行地方各级政府及其工作部门权力清单制度，依法公开权力运行流程"。以此为契机，"权力清单""责任清单""负面清单"三单制度并行推进。"三单制度"的推进为城市管理执法队伍建设指引了新的道路并注入新的动力。权责清晰原则正是在这一背景下，在职权法定的基础上，进一步回应职权、职责的范围、界限清晰化问题，以实现在城市管理执法领域彻底解决体制不顺、权责模糊、扯皮推诿的顽疾。

3. 权责清晰原则是对党的十八大以来中央系列有关城市管理执法体制改革政策论述及精神的落实。为破解行政体制改革过程中执法不畅的难题，十八届三中全会提出"推进综合执法，着力解决权责交叉、多头执法问题，建立权责统一、权威高效的行政执法体制"。《中共中央 国务院关于深入推进城市执法体制改革 改进城市管理工作的指导意见》中指出"城市管理执法工作还存在管理体制不顺、职责边界不清"等问题，因此要"明确城市管理和执法职责边界，制定权力清单，落实执法责任，权随事走、人随事调、费随事转，实现事权和支出相适应、权力和责任相统一"。本条规定中的权责清晰原则正是从制度规范的层面，落实中央系列有关城市管理执法体制改革的论述与精神，通过制度规范以界定、厘清城市管理执法队伍职责、职权的范围与边界，从而杜绝以往实践中存在的因职能交叉、权限范围不清而造成的重复执法、多头执法、执法推诿或执法空白等现象，实现"为人民管理好城市"的目标。

二、事权统一原则

本条规定中事权统一原则的基本含义是指城市管理的执法事项范围即执法权限于全国城市管理执法部门的配置整体上相对统一。事权统一原则主要是从城市管理执法领域与具体执法事项两个维度对城市管理执法活动进行规范，以实现全国范围内城市管理执法事项范围的相对统一。

(一) 城市管理执法领域的统一

1997年4月，经国务院批准，北京市宣武区人民政府首次开展城市管理"综合执法"试点工作，城市管理执法领域主要集中在城市规划、工商行政管理、园林、公安、市政管理、环卫和环保七个领域。2002年《国务院关于进一步推进相对集中行政处罚权工作的规定》对城市管理执法领域进行了扩容：除市容环境卫生、城市规划、城市绿化管理、市政管理、环境保护管理、工商行政管理、公安交通管理七个领域外，省级地方政府有权决定调整城市管理领域的其他行政处罚权。学界称为"7+X"模式。2015年，有学者对包含全国直辖市、省政府所在地的市共计20

个市级政府城管执法部门的执法领域进行统计，结果显示：城市管理执法领域包括"市容环境卫生、市政管理、公用事业、城市节水、园林绿化、环境保护、城市河湖、施工现场、城市停车、公安交通（运输）、工商行政、城市规划、城市道路、旅游管理、建设、房地产、救助、养犬、户外广告、建筑市场、民政殡葬、人防工程、人民防空、煤炭市场、气象、汽车清洗、城市广场、土地等共计28项"[①]，是上述文件明确规定7个领域的4倍。在中央层面缺乏对城市管理执法领域进行统一规制的情形下，城市管理执法领域的急速扩容势必带来各地方层级城市管理执法领域的差异性。事实上，即便在省级层面，也很难找到城市管理执法领域完全相同的两个地方。城市管理执法领域的差异性，尤其是未经审慎论证的无序扩张，对法治建设带来的直接影响是破坏了全国范围内的法制统一性；同时，也加剧了社会对城市管理执法的合法性与正当性的质疑。为维护法治的统一性和权威性，统一规范城市管理执法的领域实属必然。也正是在这个意义上，本办法的第二章对城市管理执法范围作了专门性规定。

（二）城市管理执法具体事项的统一

城市管理执法的具体事项是指每一执法领域内可划归

---

① 王敬波：《相对集中行政处罚权改革研究》，载《中国法学》2015年第4期。

城市管理部门执法的具体事项。自相对集中行政处罚权制度实施以来，就全国范围而言，各地方对某一执法领域内可以划归城市管理执法部门执法的具体事项的规定并不完全一致。对比各地的城管执法依据，不难发现，即使在城市规划管理这一相同领域，不同城市的城市管理部门可以行使执法权的具体事项也是不一致的，一些城市管理执法部门可以对法律、法规、规章规定的全部事项行使处罚权，而另一些城市管理执法部门只能对法律、法规、规章规定的部分事项行使处罚权。为维护法治的统一性与权威性，就需要尽可能地统一规范每一领域的具体的可执法事项。

三、精简效能原则

所谓"精简"，是指依法设置国家机关，严格核定机构编制，定员定岗，以实现国家机关之间职责明确，层次清楚；"精简"不是单纯数量上的减少，而是意在追求切实转变政府职能，减少行政运行成本，提高行政权的运行效能。所谓"效能"是指机构编制工作通过科学规范政府部门职能，合理设置政府机构，优化政府人员编制，不断改善机构编制资源的配置效率，形成权责统一、分工合理、决策科学、执行顺畅、监督有力的行政管理体制，以实现政府整体效能的实质性提升。坚持"效能"导向，就必须做到以下两点：一是机构分工合理，机构职能划分科学、合理，是保证行政效能实现的前提；二是权责一致，职责与职权是政府机构的两大要素，职责是职权行使的基础与要求，职权是实现职责的手段，两者之间的互动关系，直接制约着政府机构效能的发挥。综合"精简"与"效能"的内涵，不难理解，本条规定中的精简效能原则强烈反映着城市管理执法队伍建设对执法效率与执法效能的追求。

(一) 精简效能原则指引着城市管理执法队伍建设的方向

"行政效率是行政权的生命，现代社会中的行政权尤其如此"[①]，行政效率原则要求行政权的行使主体积极主动地出入于社会亟须治理的各个领域，协调多元利益主体之间的关系，裁决、化解各种复杂的利益纠纷甚至是冲突，亦即高效回应社会的各种需求。行政效率原则所要求的一系列行政目标的实现，无疑都必须建立在一种高效、灵活的体制机制保障基础之上。党的十八届三中、四中全会报告在有关城市管理执法体制改革方向的论述中，管理体制改革与提高执法效率议题无不占据核心地位；《中共中央 国务院关于深入推进城市执法体制改革 改进城市管理工作的指导意见》更是对之作了专项论述与改革部署。

管理大师彼得·德鲁克曾在《有效的主管》一书中简明扼要地指出："效率是'以正确的方式做事'，而效能则是'做正确的事'。"如果说通过"精简"机构与人员，是

---

① 章剑生：《现代行政法基本理论》，法律出版社 2008 年版，第 34 页。

为了适应政府职能转变的要求，提高执法效率；那么"效能"则有着对城市管理队伍建设更高的要求，也即德鲁克所言——"做正确的事"。城市管理执法的最终目标是"为人民管理好城市"，以回应多元利益主体对城市管理的利益需求，城市管理执法唯有如此才能"做正确的事"。由此，精简效能原则不仅内隐着城市管理执法队伍建设的路线图："精简→效率→效能"，也为城市管理执法队伍建设指引着改革、前行的方向。

（二）精简效能原则规范着城市管理执法队伍的体制机制建设

作为一个法律原则，精简效能原则的意义不仅在于为城市管理执法队伍建设指引着改革前行的方向，还在于这一原则本身已为城市管理执法队伍建设设置了某种程度上的标准，即精简效能原则具有法律上的规范价值。

如何才能有效改善城市管理执法队伍建设中之于体制机制方面存在的系列问题？多年来的实践经验总结以及学术界的理论研究结果均表明，唯一可行的路径是法治化与规范化。本条规定中的精简效能原则正是为改变上述状况而设置，首次在中央层级、法的制度化层面，对城市管理执法队伍建设提出了原则性兼具规范性的要求。该原则一方面为执法队伍的体制机制建设指明方向，另一方面也为这一建设设置了相应的检视标准。如此，精简效能原则的设置与实施必将有力地促进并规范城市管理执法队伍的体制机制建设,有效地提升城市管理执法效能。

● 相关规定

《中华人民共和国行政处罚法》第十八条,《国务院关于进一步推进相对集中行政处罚权工作的规定》。

第十四条 直辖市、设区的市城市管理执法推行市级执法或者区级执法。

直辖市、设区的市的城市管理执法事项,市辖区人民政府城市管理执法主管部门能够承担的,可以实行区级执法。

直辖市、设区的市人民政府城市管理执法主管部门可以承担跨区域和重大复杂违法案件的查处。

● 条文主旨

本条是关于城市管理执法机构设置的层级体制、执法事项的分工以及特殊案件的管辖的规定。

● 条文解读

本条主要规定了城市管理执法机构设置的层级体制、执法事项的分工以及特殊案件的管辖。

一、城市管理执法机构设置的层级体制

就城市管理执法事务的整体性质而言,本规定遵循属地管辖原则。本条第一款规定了城市管理执法机构设置的层级体制:市、区两级分别设置。(1)市级为直辖市或设区的市,即在市级层面设置独立的城市管理执法部门,承担全市辖区内的城市管理执法事务。(2)区级,即市辖区设立自己独立的城市管理执法部门,承担区管辖范围内有关城市管理执法事务。

二、执法事项的分工

本条第二款规定了市、区两级城市管理执法机构之间的执法事项的划分。这一划分有着重要的实践意义:(1)市、区层级执法机构之间的执法事项划分正是落实精简效能原则的体现,有效避免城市管理执法机构因层级设置而造成的重复浪费,最大限度地发挥一级城市管理执法机构的执法效能;(2)执法事项的划分较好地考虑了当下市辖区城市管理执法机构的执法能力差异性,特别是专业技术能力的差异性,充分发挥了区级的属地优势和市级的专业能力优势。

三、特殊案件的管辖

本条第三款规定了两类特殊案件的管辖权问题,即市级的城市管理执法主管部门可以承担跨区域和重大复杂违法案件的查处。如果说本条第二款重在突出区级城市管理

执法机构的属地优势，那么本款规定则意在突出市级城市管理执法机构的执法能力优势。对于跨区域和重大复杂违法案件由市级城管执法机构承担，既能充分发挥其能力优势，又能高效完成执法任务，从而取得较好的城市管理执法效能。

● 相关规定

《中华人民共和国行政处罚法》，《国务院关于进一步推进相对集中行政处罚权工作的规定》。

第十五条 市辖区人民政府城市管理执法主管部门可以向街道派出执法机构。直辖市、设区的市人民政府城市管理执法主管部门可以向市辖区或者街道派出执法机构。

派出机构以设立该派出机构的城市管理执法主管部门的名义，在所辖区域范围内履行城市管理执法职责。

● 条文主旨

本条是关于市、区两级城市管理执法部门设立派出机构以及派出机构的执法权限的规定。

● **条文解读**

一、派出机构的设立主体

本条第一款规定，有权设立派出机构的主体有两类：一类是市辖区的城市管理执法部门，即区级城市管理执法部门，这类执法部门可以向自己辖区内的街道设立派出机构；另一类是直辖市或设区的市城市管理执法部门，这类执法部门既可以向其所辖的区设立派出机构，也可以向其所辖区域内的街道设立派出机构。

二、派出机构的执法权限

本条第二款规定了城市管理执法部门所设立派出机构的执法权限，即根据本款规定，派出机构自身没有独立的执法主体资格，派出机构必须以其设立部门的名义，在其所辖区域范围内履行城市管理执法职责，执法行为所引起的法律后果由其设立部门承担。需要引起注意的是，当前实践中较为普遍的区、街道双重领导模式可能存在一些问题：一方面难以"从行政组织法和行政处罚法中都无法找出街道办事处作为相对集中行政处罚权行使主体的法律依据"；另一方面"无论地方采用地方性法规还是地方政府规章的途径授予街道办事处（乡镇政府）相对集中行政处罚权，都同样面临前文所述与行政处罚法的矛盾"[1]。这正是本款规定并不赋予派出机构以独立的执法主体资格目的之所在。

● 相关规定

《中华人民共和国行政处罚法》。

第十六条 城市管理执法主管部门应当依据国家相关标准，提出确定城市管理执法人员数量的合理意见，并按程序报同级编制主管部门审批。

● 条文主旨

本条是关于城市管理执法部门人员编制的确定依据以及审批程序的规定。

● 条文解读

一、执法人员编制的确定依据与标准

当前，我国地方政府行政编制实行国家总量控制，省、自治区、直辖市人民政府统一向中央提出各自编制总额，经国务院机构编制管理机关审核报国务院批准后，再统一分配下达使用。《地方各级人民政府机构设置和编制管理

---

[1] 王敬波：《相对集中行政处罚权改革研究》，载《中国法学》2015年第4期。

条例》第六条第二款规定："县级以上各级人民政府应当建立机构编制、人员工资与财政预算相互制约的机制，在设置机构、核定编制时，应当充分考虑财政的供养能力。机构实有人员不得突破规定的编制……"实践中，省级机构编制管理部门主要依据行政区域人口、面积、国内生产总值、财政收入等因素对各市、县级地方政府进行行政编制分配和管理，核定各区域编制总量。本条规定指示性地给出了城市管理执法部门人员编制的确定依据，但就城市管理执法的实际情况而言，执法人员编制的确定尤其要考虑管理任务现实需要。有学者对某市城市管理执法任务做过专门的实证分析研究，结果表明，城市管理执法任务主要集中在市容环境卫生、工商管理和城市规划管理三大领域，三大领域集中的执法事项和执法任务均达执法总任务量的90%以上。[①] 因此，在确定市、区两级各自执法人员编制时，要具体分析不同层级城市管理执法部门的管理任务，以实现不同层级城市管理执法部门人员编制确定的相对合理性。

二、执法人员编制的审批程序

关于机关行政编制的审批程序，《地方各级人民政府机构设置和编制管理条例》第十五条规定："机构编制管理

---

① 参见唐立军：《城市管理行政执法队伍编制规模测算办法初探》，载《中国机构改革与管理》2014年第7期。

机关应当按照编制的不同类别和使用范围审批编制……"各地方一般都由地方政府规章对相关内容加以规定,例如,《上海市行政机构设置和编制管理办法》第六条规定:"市、区县机构编制管理机关应当依据法律、法规和规章以及其他有关规定,审核确定行政机构的主要职责、内设机构和人员编制规定……"本条规定的城市管理机关执法人员编制的审核程序基本上与当前地方机关的行政编制程序审核规定相一致,即由城市管理执法部门提出申请并附意见与理由,再呈报同级政府编制主管部门审核批准。

● 相关规定

《地方各级人民政府机构设置和编制管理条例》第六条、第十五条。

第十七条 城市管理执法人员应当持证上岗。

城市管理执法主管部门应当定期开展执法人员的培训和考核。

● 条文主旨

本条规定了城市管理执法人员的持证上岗制度、培训与考核制度。

条文解读

一、持证上岗制度

城市管理执法活动过程中,行政调查、行政检查、行政强制等执法方式必不可少。行政处罚法第四十二条第一款规定:"行政处罚应当由具有行政执法资格的执法人员实施。执法人员不得少于两人,法律另有规定的除外。"行政强制法第十七条第三款规定:"行政强制措施应当由行政机关具备资格的行政执法人员实施,其他人员不得实施。"为切实提高行政执法人员的素质,加强专业人员队伍建设,早在2008年国务院发布的《国务院关于加强市县政府依法行政的决定》中就已明确指出,"实行行政执法主体资格合法性审查制度。健全行政执法人员资格制度,对拟上岗行政执法的人员要进行相关法律知识考试,经考试合格的才能授予其行政执法资格、上岗行政执法"。

可见,本条第一款规定城市管理执法人员实行持证上岗制度,既是依据行政处罚法、行政强制法有关执法资格制度的规定,同时也是在城市管理执法领域具体落实执法人员持证上岗制度的规定。通过执法人员持证上岗制度的落实,一方面促使城市执法主管部门严把城市管理执法人员的"入口",提高队伍人员的整体素质;另一方面凭借高素质的执法队伍、文明的执法理念与方式,以实现城市管理执法效能的提升。

二、培训与考核制度

城市管理执法人员于法律上的身份是公务员,因此,城市管理执法队伍自应受公务员法的规范与调整。公务员法中有关公务员培训与考核的规定当然也就适用于城市管理执法人员的培训与考核。本条规定于实施中需要注意的是:(1)执法人员培训应紧紧围绕专业化而展开,深入系统地培训城市管理执法的法律依据规范,通过专业化的培训形塑执法人员职业化的、法律人的思维方式与执法能力,成为法律实施的行家能手;(2)有选择性地增强行业专业类培训,以使执法人员能够从容处理日常管理中涉及的专业性问题;(3)注重实践案例培训,以实践案例为城市管理执法一线执法人员提供直观的标准化的执法行为模式,从而增强一线执法人员的实践执法能力;(4)注重执法礼仪与服务意识的培训,内化执法人员的服务者角色定位。

● 相关规定

《国务院关于加强市县政府依法行政的决定》。

第十八条 城市管理执法主管部门可以配置城市管理执法协管人员,配合执法人员从事执法辅助事务。

协管人员从事执法辅助事务产生的法律后果,由本级城市管理执法主管部门承担。

城市管理执法主管部门应当严格协管人员的招录程序、资格条件,规范执法辅助行为,建立退出机制。

● 条文主旨

本条是关于协管人员的辅助性职能、职责后果归属以及管理制度的规定。

● 条文解读

本条共三款,分别规定了协管人员的辅助性职能、职责后果归属以及管理制度。这些规定构成一个相对完整的协管制度,不仅具有较强的现实性与针对性,直指以往城市管理执法实践中"临时工""合同工"执法的城市管理乱象,同时也是在规章的层面,对《中共中央 国务院关于深入推进城市执法体制改革 改进城市管理工作的指导意见》中有关"规范协管队伍"要求的积极落实。

一、协管人员的辅助性职能

根据行政处罚法第四十二条、行政强制法第十七条的规定,城市管理执法人员行使行政处罚权以及与行政处罚权相关的行政调查权、行政强制权等必须具有执法资格。因协管人员不具有执法资格,此即从法律上否决了协管人员作为归属一级城市管理执法部门工作人员而具有城市管理执法资格的可能性。由此,协管人员当然也就只能从事与城市管理执法有关的辅助性工作。本办法实施后,实践中尤为需要明确的是:(1)协管人员所实施的与城市管理执法有关的行为,其行为本身并不具独立的行政法意义,一般必须从属于城市管理执法部门所实施的某一执法行为;(2)协管人员的履职行为对公民、法人以及其他组织不得具有行政强制法意义上的强制性。

二、协管人员的职责后果归属

本条第二款规定:"协管人员从事执法辅助事务产生的法律后果,由本级城市管理执法主管部门承担。"要准确理解本款的含义,就必须厘清两个基本问题:(1)协管人员与其所在城市管理执法部门之间是什么关系;(2)协管人员履职行为的辅助性如何定义。

关于第一个问题,当前实践中,协管人员有三种,分别是在编事业编制人员、招聘的合同工与所谓"临时工",其中主要是合同工。事业编制人员与城市执法部门之间形成直接的内部人事管理关系;合同制雇员与城市管理执法部门之间基于劳动合同的内容规定明确各自的权利义务;"临时工"是传统上相对于正式工的一种称谓,是指非全日制合同工或者以完成某项任务为期限的合同工,劳动合同法实施后,"临时工"与正式合同工只存在合同形式上的差别,而无本质性的区别。三种类型的协管人员共同点在于:第一,作为协管人员,都不具备城市管理的执法人员资格；第二，作为协管人员，都是在城市管理执法部门的指挥、监督之下协助城市管理执法部门执行任务，是在执行城市管理执法部门的意志。

关于第二个问题，根据行政处罚法、行政强制法的相关规定，执法资格实质指向的是执法人员有权代表职能部门独立进行行政处罚、行政调查与行政强制等高权行为，此即排除协管人员遂行此类行为的可能性。但是，城市管理执法活动过程中，城市管理部门的公权力行为并非仅仅包括处罚行为、调查行为与强制行为，而是还存在大量的事实行为。法律并未明文禁止协管人员遂行这些公权性质的事实行为。事实上，协管人员作出的辅助性行为同样具有公权性质，辅助性主要是相对于行政处罚、行政调查、行政强制等行为类型而言，一般具有以下特征：（1）辅助性行为具有公权性质；（2）辅助性行为归属事实行为，其本身不含有为相对人设定权利义务的内容；（3）辅助性行为作为行政主体实施某一行政行为的阶段或次要构成部分而存在。

因此，城市管理执法部门理应承担协管人员基于履职行为而产生的法律后果，无论其是合法还是违法。另需指出，本办法实施后，公民、法人和其他组织有权对协管人员的履职行为依其所归属的行政行为提起行政复议或行政诉讼。

三、协管人员的管理制度

协管人员虽是从事城市管理执法工作中的辅助性事项，但是辅助性事项同样具有公权性质。因此，协管人员能力素质的高低必然会影响城市管理部门的执法效能。建立健全协管人员队伍建设也就成为提高城市管理执法能力建设的一个重要环节。本条第三款从招录程序、资格条件、规范执法辅助行为与退出机制四个方面对协管人员队伍建设作出规定。（1）招录程序主要是从协管队伍的"入口"严把协管人员素质关，通过规范的招录程序，尽可能招录素质能力优秀的人才服务于城市管理执法事业。（2）资格条件主要指向协管人员同样需要经过培训考核，合格者才能上岗。（3）规范执法辅助行为则主要是指协管人员在履职过程中必须遵守相应的行为程序规范、礼仪规范，树立作风良好的协管履职形象，进而有益于提升整体的城市管理执法效能，实现"为人民管理好城市"的目标。（4）退出机制可以提升城市管理执法部门对协管人员的规范管理水平。城市管理执法部门根据人员与岗位的匹配性、能力与绩效、绩效与薪酬的匹配，以定期的绩效考核结果为依据，对那些达不到要求的协管人员依据其问题程度的不同，可以采取降职、调岗、离职培训、解雇等多种方式进行人力资源管理。人才退出包括暂时退出岗位接受教育和培训，等到教育培训结束后如果达到从事辅助性执法事务的要求时，就可回到协管队伍中继续工作。总之，退出机制能有效地保证协管人员队伍的精干、高效和富有活力，有利于城市管理执法目标的实现。

第十九条 城市管理执法人员依法开展执法活动和协管人员依法开展执法辅助事务，受法律保护。

● **条文主旨**

本条是关于城市管理执法人员的执法活动、协管人员的执法辅助事务受法律保护的规定。

● **条文解读**

一、城市管理执法人员的执法活动受法律保护

首先，城市管理执法人员为公务员序列编制，其执法活动是公务员的执法行为，所以城市管理执法人员的执法活动受公务员法第十条的规范，即"公务员依法履行职责的行为，受法律保护"。本条规定重申了公务员法的规定，意在突出强调城市管理执法人员的执法活动为公务履职行为，受法律保护，以警示当前城市管理执法过程中存在的妨碍城市管理执法甚至是暴力抗法的违法情形。

其次，对于执法活动的认定，实践中遵循以下标准：一是职权标准，即城市管理执法人员根据法律赋予的职责权限实施的执法活动；二是时空标准，即城市管理执法人员在行使职权、履行职责的时间、地域范围内实施的行为通常都认定为职务行为；三是身份标准，即通常情况下，以城市管理执法人员的身份和名义实施的行为都为城市管理执法活动，例如，城市管理执法人员执法时，着制服、佩戴标志、出示证件、宣布其所代表的机关等；四是目的标准，即应是城市管理执法人员为了履行法定职责和义务，维护公共利益而为的行为。

最后，城市管理执法活动受法律保护，包含四个方面：（1）城市管理执法人员依法执法活动，受法律保护，不受干扰和破坏。我国刑法、治安管理处罚法对妨碍公务的行为都有规定。我国刑法第二百七十七条第一款规定："以暴力、威胁方法阻碍国家机关工作人员依法执行职务的，处三年以下有期徒刑、拘役、管制或者罚金。"治安管理处罚法第五十条第一款第二项规定，阻碍国家机关工作人员依法执行职务的，处警告或者二百元以下罚款；情节严重的，处五日以上十日以下拘留，可以并处五百元以下罚款。（2）城市管理执法人员依法执法活动，有关当事人有服从或者配合的义务。（3）城市管理执法人员依法执法活动时，其人身安全受法律保护，如在城市管理执法人员依法执法活动过程中，其人身若受到伤害，国家要依法追究加害人的法律责任，惩处妨碍城市管理执法的行为。（4）城市管理执法人员依法执法活动时,由此所产生的责任问题,原则上由所在机关来承担责任。

二、协管人员从事的执法辅助性事务受法律保护

本部分内容的规定其重要意义在于,解决了实践中存在的协管人员的执法辅助性事务的社会认可与法律保障问题,同时也回应了协管人员履职过程中的人身保护问题。

首先,本办法第十八条第二款明确规定:"协管人员从事执法辅助事务产生的法律后果,由本级城市管理执法主管部门承担。"由此,协管人员所从事的执法辅助性事务具有公权性质已确定无疑,行政法理上可归属行政事实行为。又因为此类事务为行政执法人员的执法行为提供了必要的甚至是必不可少的支持,执法辅助性事务的完成与否及质量和城市管理执法行为的完成与否及质量密切关联,所以必须依法保障执法辅助性事务的顺利完成。

其次,对于协管人员从事执法辅助性事务的认定标准,可类比上述城市管理执法行为的认定标准,从而将协管人员的履职行为与其私人行为进行区分。

最后,对协管人员从事执法辅助性事务受法律保护的理解同样可以类比上述对城市管理执法人员执法活动受法律保护的理解。特别需要指出的是,协管人员履职时其身份是代表城市管理执法部门,因此,无论是刑法还是治安管理处罚法，对城市管理执法人员依法开展执法活动和协管人员依法开展执法辅助事务均应予以保护。

● 相关规定

《中华人民共和国公务员法》第十条，《中华人民共和国刑法》第二百七十七条，《中华人民共和国治安管理处罚法》第五十条。

※ 适用指导 ※

法的生命在于实施，规范不能仅仅停留在纸面上。本章对城市管理执法的执法体制、执法人员、执法能力等方面的建设进行了相应的规范，问题的关键在于，这些规定能否于实践中得到有效的落实并取得预期的效果。遵循实践问题导向并结合本章的相关规定，我们选择本办法实施过程中可能碰触的两个重点难题：执法队伍的执法能力建设与协管人员履职行为的法律性质问题加以分析、讨论，以期对本办法实施后城市管理执法队伍的全面建设有所裨益。

一、城市管理执法队伍的执法能力建设问题

（一）城市管理执法能力建设的具体内容

城市管理执法能力是指各级城市管理执法部门贯彻上位法律、法规及政策，以实现既定法律、政策目标的实践能力，它是把意图、规划转化为现实的具体执行效果的潜力的体现；城市管理执法能力具体可包括执法信息传播能力、执法方案抉择能力、执法资源调配能力、执法行动协调能力、执法过程监控能力五个方面。现就城市管理执法能力的各项具体内容分述如下：

执法信息传播能力，是指城市管理执法部门及其执法人员在城市管理执法过程中，在瞬息万变的现代行政环境中，全面、准确、及时获取、掌控、传播城市管理执法的相关信息，尽可能减少执法过程中的不确定因素，以提高执法行为的适应性和针对性的能力。这就要求城市管理执法部门及其执法人员要正确领会法律、政策的内容与精神，目的在于做到法律、政策信息"上情下达"；同时基于信息的双向传播，要了解、掌握城市管理执法相对人对法律、政策的认知、认同程度，即要建立法律执行的反馈机制和评价机制，做到"下情上传"，以对法律、政策在实施过程中出现的偏差进行及时、准确、适度的调整，从而避免或减少因执法信息阻滞而形成的风险。

执法方案抉择能力，是指城市管理执法部门及其执法人员结合具体实际情况，依据法律、法规及政策，选择特定实施方案的决策能力。面对千差万别的法律、法规及政策于实践中的实施障碍，各级城市管理执法部门及其执法人员只有本着实事求是的原则，适时决策，灵活应对，才能确保法律、法规及政策目标于城市管理领域中予以实现。

执法资源调配能力，是指城市管理执法部门及其执法人员对各种执法资源的积极开发、合理利用与科学配置的能力。城市管理执法必然要依赖各种必要的执法资源，通常包括人力、财力、物力、信息和管理资源等。为应对层出不穷的执法问题和应接不暇的执法需求，执法过程中，各级城市管理执法部门及执法人员只有不断提高执法资源调配能力，充分发掘、发挥各类资源的潜力和效力，才能更为有效地推动城市管理的发展，提升城市管理执法的效能。

执法行动协调能力，是指城市管理执法部门及其执法人员于其执法活动中所需具备的人与人之间、人与组织之间、组织与组织之间的有效沟通与协调能力。城市管理执法活动是一种典型的组织行为，此即意味着城市管理执法活动必须依托一个精诚团结、配合有力、行动高效的组织体系。通过沟通与协调，以统一执法主体（组织内部）对法律、法规及政策相关问题的认识，从而采取步骤协调的执法方法与手段，实现城市管理执法效能的提升。

执法过程监控能力，是指城市管理执法部门，在执法过程中，通过建立一系列行之有效的执法监控制度，包括风险预警机制和责任追究制度，以提高执法者的责任意识和风险意识，形成执法过程的良性"反馈体系"，从而实现其自觉控制执法导向、规范执法行为的能力。实践表明，城市管理执法者与其他利益主体一样，有着其自身的价值观念和利益结构，在执法过程中，难免带有其组织和个人的价值倾向、利益偏好和情感色彩，从而难免产生执法"应然"行为与执法"实然"行为矛盾，造成个人利益与集体利益、局部利益与全局利益冲突，致使城市管理执法出现偏差的情况。这就需要城市执法主管部门对城市管理执法活动进行有力的监管，从而确保"为人民管理好城市"目标的实现。

(二) 城市管理执法能力建设中的路径

从不同的角度来看，城市管理执法行为既是城市管理执法部门的行为又是归属于城市管理执法部门的执法人员的行为，因此，落实城市管理执法能力建设，就必须从城市管理执法部门与执法人员两个维度分别着手。

1. 完善落实城市管理执法部门（组织）的体制机制建设

依法行政要求城市管理执法部门符合职权法定原则，即城市管理执法部门的组织机构设置、职权职责的配置都必须具有合法性。行政效能原则要求城市管理执法部门（组织）的设置必须精简高效，也即纵向层级体制与横向机构配置都需最大限度地满足行政效率性要求。

依法行政与精简效能原则落实到城市管理执法部门建

设实践中，即需要从纵向层级体制与横向机构配置两个方向完善城市管理部门（组织）设置规则，以为提高城市管理执法能力提供规范化的制度支持。在城市管理执法部门层级设置上，力求减少不必要的重复性层级设置，以有利于组织执法整体效率的提升，但基于决策、监督、执行能力的差异性与合理分工，必须保留必要的层级分工；明确上下层级之间的职权分工机制；明确上下级之间的监督考核机制；明确上下级之间的协调联动机制；明确责任分担及追责机制。一级城市管理执法部门内部机构的设置，需遵循决策、执行、监督职权的横向分工，明确决策、执行、监督机构的设置规则；明确横向职权职责的分工规则；明确横向机构之间的协调联动规则。

"体制是最重要的制度安排，对任何一个领域而言，体制问题关系到方向，关系到全局，关系到长远，关系到根本。"[1] 权责明确、高效协调、规范化的纵向与横向执法体制机制设置，无疑能为城市管理执法部门提高执法信息传播能力、执法方案抉择能力、执法资源调配能力、执法行动协调能力、执法过程监控能力，提供强有力的制度支撑与保障，增强城市管理执法部门对城市管理实践的回应能力，从而取得较好的城市管理执法效果。

---

[1] 欧阳坚：《关于深化行政管理体制改革的几点思考》，载《中国行政管理》2010年第4期。

2. 完善对执法人员的规范化管理

提高城市管理执法能力的关键是建设一支高素质的专业化的城市管理执法人员队伍。实践中,需要从以下几个方面加以落实:(1)人员编制配备到位。"如果一个组织并不具备执法能力,那么,赋予该组织执法职责就是不合理的,也必将导致执法不作为,法律也将得不到实施。"[①]任何一个组织都必由一定的人员组成,组织的执行能力最终来自组织成员的执行能力的综合与整合。因此,要提高一级城市管理执法部门的执法能力就必须为其配备必要的人员编制,使其人员编制与其所承担的执法事务量大体相当。(2)健全专业培训制度。应在《公务员培训规定》的基础上,有针对性地完善城市管理执法人员的专业培训制度,切实落实不同专业类别执法所需的专业技能培训,落实执法人员培训档案记录制度,落实培训效果反馈制度。(3)优化绩效考核制度。完善并落实对执法人员的绩效考核,应在《公务员考核规定》的基础上,调整对执法人员绩效考核不同标准的权重,更为注重平时考核与实绩考核;强化对执法人员绩效考核的信息反馈与监督检查,发挥绩效考核的评价与发展双重功能。

专业化的人力资源培训、科学的人力资源管理、公正

[①] 王青斌:《论执法保障与行政执行能力的提高》,载《行政法学研究》2012年第1期。

的绩效考核，势必能最大限度地开发执法人员的潜能，较为全面地提升执法人员个体于执法实践活动中的所需具备的执法信息传播能力、执法方案抉择能力、执法资源调配能力、执法行动协调能力、执法过程监控能力。

（三）城市管理执法能力建设中的物质、技术保障

随着社会发展进程的加快，城市管理执法活动也随之变得越来越复杂，现代城市管理执法已不仅仅是体力劳动与脑力劳动的叠加，而更多的是涉及技术性执法事务。城市管理执法环境的变化，必然带来执法手段的变化与执法成本的增加，反映在城市管理执法实践中：一方面，需要为城市执法队伍配备必要的与城市管理执法需求相适应的物质技术装备，以便其能更为有效地提升城市管理执法的整体效能；另一方面，需要增加城市管理执法经费投入，以为城市管理执法部门执法能力改进与提升提供必要经费支持，必要的经费保障就如同机器运转所需的油与电，如若没有必要的经费保障，要想提高城市执法管理部门的执法效能，就只能是不切合实际的"空中楼阁"。

因此，本办法有关执法人员能力建设规定的实施过程中，我们不能仅注重体制机制与人员管理方面的建构与落实，还应注意作为执法能力建设重要组成部分的物质技术保障，以制度、人员、物质与技术的最优组合，实现城市管理执法能力最大限度的提升。

二、协管人员履职行为的法律性质问题

本办法第十八条将协管人员的履职事项界定为辅助事务,但是该规定并未对协管人员履职行为本身的法律性质作出明确的定性。因此,本办法实施后,实践中就协管人员履职行为的法律性质问题,可从以下几个方面作出符合本办法立法意图的理解。

(一) 辅助性原则的起源

起始于20世纪50年代的德国经济行政法上的辅助性原则又称为补充性原则,该原则的主要内容为:当公民个人或较小的下位组织能够胜任某项事务的处理时,社会、国家或较大的上位组织就不应介入;反之,只有当个人或较小的下位组织无法胜任某项事务的处理时,社会、国家或较大的上位组织才能够积极支援协助,必要时亲自接手完成相关任务。①

随着"有限政府"与"有为政府"建设理念的推进,特别是行政效能政府的建设,辅助性原则由最初的给付行政逐渐扩展至整个行政管理领域,私人参与行政管理活动亦为法律有所保留的接受。德国行政法中,行政辅助人或行政助手,是指在行政机关执行特定行政任务过程中给予协助的人。行政协助人不是独立活动,而是根据行政机

---

① 参见章志远:《私人参与警察任务执行的法理基础》,载《法学研究》2011年第6期。

关的委托和指令从事某种辅助性的工作，其活动归属于行政机关。①

（二）辅助性原则适用中的限制

法律保留原则集中体现了执法机关对代表民意的法律的尊重，即法律对行政机关的执行事务保有最后的决定权。依据政府所提供公共物品的垄断性程度的不同，法律对公共物品提供主体的资格所作的限制程度相应也各有所不同，其中对有些纯粹事务性的、程序性的或者不具有高权性质的公共物品则可以对社会开放，从而使得这类公共物品的提供更符合行政效能的要求。也就是说，任何类型的私人参与行政管理活动都应当遵循法律保留原则，越是对公民合法权益有直接影响、越是内容重要的行政管理任务，私人参与执行就越需要适用严格的法律保留。我国行政处罚法第十七条、行政强制法第十七条的规定即法律保留原则对辅助性原则于行政管理实践中的应用所作的限制。

就城市管理执法活动而言，协管人员所能从事的行政管理活动范围自应符合法律保留原则的要求，特别是要符合行政处罚法第十七条、行政强制法第十七条的规定。有学者根据当前各地方已制定并实施的有关协管人员管理规定的内容，对城市协管人员可以从事的管理活动从正反两

---

① 参见〔德〕哈特穆特·毛雷尔：《行政法学总论》，高家伟译，法律出版社2000年版，第584页。

面作了如下归纳:"(1)对城市管理法律法规遵守实施情况进行巡查并及时报告;(2)劝阻、告诫正在发生的违法行为;(3)协助正式执法人员实施登记保存、查封、扣押、强制拆除等行政行为;(4)协助正式执法人员实施没收非法财物的行政处罚;(5)清除违法悬挂、张贴、涂写、刻画宣传品;(6)其他执法活动中劳务性事务,如担任驾驶、搬运、看管物品等工作。不得从事的执法事项主要包括:(1)传唤、询问当事人、证人,并制作询问笔录;(2)收集、调取物证;(3)对实施违法行为的场所进行勘验、拍摄现场照片、录音录像,制作检查笔录;(4)法律、法规规定应当由行政机关具备资格的行政执法人员实施的行为。"[1]

(三) 辅助性行为的法律性质

从辅助性原则的起源以及该原则于行政管理实践中的限制性适用,无不清晰地揭示出,城市协管人员在城市管理执法活动中不具有独立的执法资格与执法权限,其所参与的城市管理执法活动完全依附于城市管理执法部门或是具有执法资格的执法人员,也就是说,协管人员仅是城市管理执法部门或是执法人员执法能力的"制度化"延伸,且这种延伸有着严格的法律上的限制。正是在这个意义上,

---

[1] 张浪:《论城管协管员制度的正当性及其完善》,载《淮阴师范学院学报(社会科学版)》2016年第3期。

我们说协管人员参与城市管理执法活动是一种辅助性的活动，而不是一种独立的执法行为，其活动所产生的法律后果归属城市管理执法部门。如此，就不难理解本办法第十八条第二款规定的"协管人员从事执法辅助事务产生的法律后果，由本级城市管理执法主管部门承担"所蕴含的法理逻辑。协管人员所从事的执法辅助性事务，是整个城市管理执法事务的组成部分，而非协管人员的私人事务。

协管人员在城市管理执法部门或执法人员的指挥、监督之下所参与的管理活动作为整个城市管理执法活动的组成部分，其能力素质的高低自然会影响到整个城市管理执法效能的高低。鉴于此，为提升城市管理执法效能，实践中城市执法主管部门同样应当立足于专业化与城市管理效能的提高，加强对协管人员队伍的管理与建设。

※ 案例评析 ※

【案例一】应对"执法辅助事务"准确定性，以明晰执法中各方的权利义务

〔基本案情〕

某日 15 时许，某县城管局市容督查大队工作人员在县城督查时，发现张某在人行道上私设烧烤摊点，严重影响市民通行和市容市貌。工作人员当即告知其违法占道经营，劝其离开未果后,将其三轮车暂扣,当场要求张某将贵重物品带走,并通知其三日内到城管局接受处理。18时,张某来到该局索要三轮车。工作人员告知张某按规定接受处理后方可领取三轮车,张某拒不接受,并称其三轮车内有现金、存折及家门钥匙,工作人员杨某将其钥匙归还本人(城管局工作人员证实三轮车内无现金、存折)。

三日后10时许,张某再次来到该局,在一楼大厅碰到工作人员崔某,强行索要三轮车。崔某劝其按规定接受处理,张某继续以没钱为由拒绝缴纳罚款,破口辱骂并动手拉扯崔某,在崔某摆脱拉扯的过程中,张某抱住崔某的腿,被在场工作人员劝开后,向家人打电话称其被殴打,让他们速来城管局。11时许,张某丈夫张甲和女儿张乙闯入城管局大声吵闹,在场工作人员蔺某对其解释并进行劝离,却遭到张乙无理谩骂,蔺某遂将张乙、张甲两人先后推出房间。张乙便扑向蔺某,在蔺某腿部踢了几脚。张乙看到工作人员袁某正在用手机录像,又扑上前将袁某手机用力打摔在地,袁某顺势打了张乙一巴掌,两人撕扯在一起,随后张甲也扑上去撕扯袁某,后坐在地上用力抱紧袁某右腿不放,袁某在挣脱过程中导致张甲受伤。

县公安局根据上述事件经过和调查取证核实结果,认定张某及其家属在县城管局强行索要暂扣物品属于扰乱单位秩序违法行为,依据相关法律法规,对部分涉案人员作出如下处理意见：1. 张某扰乱单位秩序，根据《中华人民共和国治安管理处罚法》第二十三条第一款第一项之规定，对张某处以罚款二百元。2. 张乙殴打他人，根据《中华人民共和国治安管理处罚法》第四十三条第一款之规定，对张乙处以行政拘留十日并处罚款二百元。3. 袁某殴打张乙的行为，根据《中华人民共和国治安管理处罚法》第四十三条第一款之规定，对袁某处以行政拘留五日。

之后，县城管局局务会研究决定，对协管员袁某予以辞退。

〔专家评析〕

将本案作为一个整体看，协管员袁某于本案中用手机录像无疑是从事执法辅助事务，但从有权机关对本案的处理结果看，无论是对与袁某直接发生冲突的张乙的处理，还是对袁某本人的处理，该案都未涉及协管员所从事的执法辅助行为于行政法上的定性问题。也就是说，本案中协管员袁某所从事的录像行为的性质被淡化为普通的公民行为，而非具有公权属性行政事实行为。如果协管员袁某所从事的录像行为被定性为公权行为，则对张乙的治安处罚依据就不应该是治安管理处罚法第四十三条第一款的规定，而应是治安管理处罚法的第五十条规定；对袁某的处理依据就可能不是治安管理处罚法第四十三条第一款的规定；张甲则有可能申请国家赔偿。

《城市管理执法办法》的出台无疑在一定程度上填补了协管人员从事执法辅助事务于行政法上定性的空白。其第十八条第二款明确了协管人员执法辅助事务的法律属性；第十九条明确规定协管人员从事执法辅助事务受法律保护。《城市管理执法办法》实施后，上述三个方面的消极影响将会得到有效的抑制，从而极大地改善城市管理执法的法治环境。

【案例二】协管人员滥用职权应当承担刑事责任

〔基本案情〕

罗某等四人为某街道办事处招聘的执法队协管员。他们在工作之际，先后多次勒索辖区内无牌商贩，索取小额现金、香烟等"好处费"，并允许交了"好处费"的无牌商贩非法占道经营。而对其他无牌商贩则实施驱离，或者通知城管执法部门到场进行行政处罚。如此执法不公引起群众强烈不满，导致区城管执法部门在履职过程中多次遭遇暴力抗法。

人民法院一审认定，罗某等四人的行为构成滥用职权罪，遂对四名街道办事处执法队协管员以滥用职权罪，判处一年两个月到一年六个月不等的有期徒刑。

〔专家评析〕

本案判决中的焦点是罗某等四人的行为是否构成滥用职权罪。法院的判决毫无疑问将协管人员的履职行为定性为公权性质的行政行为，唯有如此，将罗某等四人的受贿行为定性为滥用职权罪才有法律基础。

事实上，在当时，协管人员所从事的执法辅助行为的法律属性是不明确的，以致很多类似罗某等四人的受贿行为以及其他违法行为游离于法治之外，社会公众的权益受协管人员履职行为的侵犯却得不到应有的救济。本办法的出台，特别是本办法第十八条与第十九条所规定的内容，即对于执法辅助事务公权性质的明确定性，必将对从事执法辅助事务的协管人员构成有效的督促，促使其依法履职，从而提升城市管理执法的整体水平。

第四章 执法保障

※ **本章导读** ※

城管执法是城市管理的具体手段,是城市良好发展的必要条件。自1996年推行相对集中行政处罚权以来,各地城市管理执法职责范围不断扩大,已经从最初的以市容环境管理领域的行政处罚权为主扩展到多达数十类、几百项。[1] 可以说,在所有的行政执法队伍中,城市管理执法范围最为广泛、任务重大。正是由于这些特点,城市管理执法保障就十分必要。本办法第四章对城市管理执法装备、制式服装和标志标识、工作经费、数字化服务平台等方面进行规定,为城市管理执法工作提供了装备、经费、技术等方面的保障。

---

[1] 张斌:《统一城市管理制式服装和标志标识》,载《中国建设报》2016年5月18日。

※ 条文理解 ※

第二十条 城市管理执法主管部门应当按照规定配置执法执勤用车以及调查取证设施、通讯设施等装备配备,并规范管理。

● 条文主旨

本条是关于城市管理执法装备的规定。

● 条文解读

"工欲善其事,必先利其器。"城市管理执法装备是城市管理执法的物质基础,也是加强执法队伍业务建设的重要内容。执法装备是城市管理执法机构及执法人员开展城市管理执法工作所需要的交通工具、器材装备等,用以完成执法任务。在当前城市管理执法环境日趋复杂,人民群众对城市管理人员规范执法期望值越来越高的背景下,执法装备的完备与否,对执法办案质量具有重要影响。由于城市管理工作涵盖面广、对象复杂,如果城管执法装备不能满足行政执法工作需要,出现巡视及执法的真空地带,客观上将影响行政执法质量。城市管理执法主管部门配置执法执勤车辆、调查取证设施、通讯设施等装备配备并规范管理，既是科学监管和依法行政的基本需要，也是不断提高行政执法能力的重要保障。因此，城市管理执法装备的配备，能更好地提高执法效能，使执法更加规范公正。

2015年12月，《中共中央 国务院关于深入推进城市执法体制改革 改进城市管理工作的指导意见》正式发布，这是新中国成立以来中央层面首次对城市管理执法工作做出的专项部署。该指导意见明确提出"制定执法执勤用车、装备配备标准"。2016年10月，住房和城乡建设部发布《住房城乡建设部关于做好城市管理执法车辆保障工作的通知》，要求"二、切实做好城市管理执法车辆保障工作。在全国城市管理执法执勤用车、装备配备标准出台前，各地在公务用车制度改革工作中，应本着改革与保障并重的原则，在从严控制总量的前提下，针对城市管理执法工作场所主要在街头、路边，工作形式主要是巡逻、检查，执法任务繁重的特点，科学核定和优化配置城市管理部门执法车辆，切实保障城市管理执法工作正常有序开展"。

由于城管执法执勤用车方便快捷，因而能更好地督查和管理辖区内主次干道市容市貌，及时有效地处置各类违法行为，达到日常执法巡查的便捷化、常态化，提高执法效能。同时，也需要为城管执法配备通讯设施、调查取证设施等装备。通讯设施的配置将有效提高执法通讯的便捷度，进一步提升指挥调度效率及应对突发事件的快速反应能力，在执法保障、应急处理等方面发挥积极作用。调查取证器材的配备对及时收集、固定证据，记录各类事件现场处置情况，实现公正执法、文明执法具有重要意义。比如在执法中，对于动态性较强的乱停乱放、影响道路安全等行为，如果执法相对人坚决否认，而且城市管理执法人员又缺乏调查取证器材如摄像器材等，很难客观地记录违法事实，在一定程度上影响了执法实效。对此，可参照交警设备及模式，为城市管理执法人员配备移动执法记录仪。执法记录仪是一种具有同步录音录像功能的便携式执法取证设备，采用先取证后执法的工作方式，有利于工作顺利进行及后期问题的处理。由于执法记录仪具有同步录音录像功能，对一些瞬间的违法事实可以及时取证固定，在现场执法中至关重要。同时，执法记录仪在正常使用过程中也对执法人员是否依法、文明规范执法即时记录，既规范了城管执法人员执法活动，更有助于提升执法水准，尤其是在突发事件以及采取强制措施的现场处理中，能够发挥"无声督察"的职责。总之，城市管理执法装备的配备，如执法执勤用车以及调查取证设施、通讯设施等，既能保障城市管理执法人员依法履行职责、促进执法水平的提高，同时也保护了相对人的合法权益，为创新城市管理工作带来了新的契机。

由于我国各地经济状况以及地方政府对城市管理执法重视程度差异等原因,城市管理执法部门执法装备配备差别较大——经济发达地区执法装备相对完善,而欠发达地区则因财力所限,执法装备配备相对落后。随着社会的日益进步,人民生活水平不断提高,在城市管理执法工作中应将装备更新换代,才能满足当前的执法需求。对此,需要增大对技术、装备方面的投入,以提升城市管理执法的装备及其技术含量。与此同时,也要规范对城市管理执法装备的管理。对此,应尽快出台有关执法装备的使用管理规范,并将使用情况纳入推进执法规范化建设和执法质量考核的重要内容。例如,对执法车辆的管理进行规范,除正常执法及其他公务活动外,严禁擅自使用执法车辆办私事,严禁使用执法车辆参与公务以外的结婚庆典、外出旅游、钓鱼休闲、接送子女上学、非公务接送等活动。除正常执法活动外,禁止执法车辆停放在娱乐场所、饭店、银行、医院、车站、机场等敏感地段。对公车私用的行为应当予以严惩。

相关规定

《中共中央 国务院关于深入推进城市执法体制改革改进城市管理工作的指导意见》,《住房城乡建设部关于做好城市管理执法车辆保障工作的通知》。

第二十一条 城市管理执法制式服装、标志标识应当全国统一，由国务院住房城乡建设主管部门制定式样和标准。

● 条文主旨

本条是关于城市管理执法制式服装、标志标识的规定。

● 条文解读

除了城市管理的执法体制不顺、执法制度不健全，各地城市管理执法队伍制式服装和标志标识不统一、使用管理混乱也是导致城市管理执法队伍形象不佳的重要因素。改革开放以来，国务院多次要求加强制式服装管理。1986年4月，国务院办公厅下发《关于整顿统一着装的通知》，要求"批准统一着装的权限集中在国务院，各部门和地方各级人民政府都无权批准。经批准的着装部门，必须严格执行国务院规定，不得自行扩大着装范围，提高供应标准"；2003年，国务院办公厅下发《关于整顿统一着装的通知》，强调"整顿统一着装，对于纠正不正之风，规范执法，树立行政执法部门的良好形象，减轻财政负担，具有重要的意义。各地区、各部门要充分认识这项工作的重要性，切实做好整顿统一着装工作。整顿统一着装，涉及部分干部职工的切身利益，各地区、各部门要切实做好干部职工的思想政治工作,确保此次清理整顿工作如期完成"。由于国家和省级层面没有专门的主管部门,城市管理执法队伍管理方面的制度建设相对滞后,报请国务院批准统一着装的问题始终无法解决。[①] 各地只能根据实际需要,自行决定城市管理执法队伍着装问题,但由于缺乏统一设计管理,标准各自为政,式样五花八门,使用管理不规范,外在观瞻不是很好。而与之相对应的是,一些地方的城管执法存在简单粗放、职责边界不清、服务意识不强等问题,社会各界反映较为强烈。

对此,2015年12月发布的《中共中央 国务院关于深入推进城市执法体制改革 改进城市管理工作的指导意见》明确要求,"到2017年年底,实现执法制式服装和标志标识统一"。为深化城市管理领域简政放权、放管结合、优化服务改革,加强城市管理执法队伍建设,统一规范城市管理执法制式服装和标志标识,推进规范文明执法,营造良好执法环境、提高城市管理水平,提升政府公信力,经国务院常务会议审议通过,住房和城乡建设部、财政部于2017年2月7日联合印发了《城市管理执法制式服装和标志标识供应管理办法》。该办法的出台,既是贯彻落实党中央、国务院决策部署的具体行动,也是规范城市管理执

[①] 张斌:《统一城市管理制式服装和标志标识》,载《中国建设报》2016年5月18日。

法行为、主动接受社会监督的客观需要。该办法对配发范围、制式服装和标志标识供应种类、气候区域、供应标准、制式服装和标志标识管理进行详细规定，要求"地方各级城市管理部门从事一线城市管理执法工作的在编在职人员，应当在执行公务时穿着统一制式服装和标志标识。"《城市管理执法办法》第二十一条重申"城市管理执法制式服装、标志标识应当全国统一，由国务院住房城乡建设主管部门制定式样和标准"。城市管理执法制式服装和标志标识的设计，突出了以人为本、服务为先的价值导向，行业特点鲜明，服装功能主要考虑适应城市管理执法工作场所多在户外、街头的实际，便于执勤活动。[①]

随着时代的发展、服务意识的强化，规范统一着装已成为激发爱岗热情、树立自身形象、增强团结意识的一种有效手段。例如军队用肩章、军装等鲜明的视觉形象以彰显军队的理念和精神；警察统一着装，意在提高对犯罪分子的震慑力；生产经营企业统一着装，在于提升企业形象和员工自豪感。同样，城市管理执法人员代表城市政府行使城市管理职责，其着装行为和着装风纪，直接体现党和

---

① 《我国发布城市管理执法制式服装和标志标识设计》，载新华网，http://news.xinhuanet.com/fortune/2017-02/16/c_1120480266.htm，最后访问时间：2017 年 4 月 5 日。

政府在人民群众中的形象。[1] 统一制式服装与标志标识，对于加强城市管理执法队伍正规化建设具有积极作用，也对提升城管执法人员的岗位自豪感和履职使命感的激励效应不言而喻。建立城管执法统一形象视觉识别系统，是城管执法队伍树立良好社会形象不可或缺的重要组成部分。城市管理执法人员统一着装，队伍整齐、队容严整，容易形成良好的心理暗示，既可以促使执法人员的言行举止更加严谨，行为更加庄重，又可以促进集体荣誉感和自豪感的形成，提高执法人员的责任意识、使命意识和团队合作意识，增强执法队伍的凝聚力和向心力。[2] 对于城市管理部门而言，规范统一制式服装和标志标识，是有纪念意义的进步，标志着执法队伍进一步正规化，有学者说，过去城管执法标志和服装五花八门，全国统一之后有利于树立和改善城管执法队伍的形象，有利于城管执法队伍增强职业认同感和归属感。[3]

统一规范的制式服装和标志标识也是公权力的象征，体现法律威严。在城市管理执法过程中，执法人员需要面

---

[1] 张斌：《统一城市管理制式服装和标志标识》，载《中国建设报》2016年5月18日。

[2] 张斌：《统一城市管理制式服装和标志标识》，载《中国建设报》2016年5月18日。

[3] 张思佳：《城市道路违法停车城管有处罚权》，载《京华时报》2016年8月23日。

对社会上形形色色的人群，许多人对城市管理的认识不到位，对城市管理执法工作不理解、不接受，甚至存在抵触情绪。制式服装是行政执法人员身份和执法的重要标志，体现法律的尊严和政府的权威。[1] 在执法现场，穿着制服的执法人员容易区别于普通的市民和违法当事人，对违法当事人起到警示和威慑作用，减少执法阻力，降低执法成本。城市管理执法人员统一着装，不仅有利于在执法工作中更加有效地行使职责，更有利于提高城市管理执法队伍规范化管理水平。此外，统一城市管理执法制式服装、标志标识还有利于城市管理执法人员主动接受群众监督。城市管理执法人员每天活跃在城市的大街小巷，一言一行、一举一动都在市民的监督之下。城市管理执法人员统一着装，可以方便市民辨认，便于对执法行为、过程以及执法人员的违法、违规、违纪行为进行监督，促进执法人员依法、文明、公正执法。

近年来，为了改善城管在民众心目中的形象，许多地方尝试了多种形式的创新。[2] 尽管城管执法重在服务意识的提升及服务理念的确立，但其整体队伍外在形象的改观同样不可忽视。城市管理执法队伍统一着装，其根本目的

---

[1] 张斌：《统一城市管理制式服装和标志标识》，载《中国建设报》2016年5月18日。

[2] 张玉胜：《城管换装只是规范执法的第一步》，载《当代广西》2017年第5期。

是通过统一服装制式,进一步推进规范执法、文明执法,建设一支管理精细化、执法规范化、服务人性化的城管队伍,更好地为城市发展和民生服务。[1] 这就需要城管人员充分认知肩负的责任和民众的期望,切实做到换服装更换思维,表里如一,不辱使命。[2]

● **相关规定**

《国务院办公厅关于整顿统一着装的通知》,《中共中央 国务院关于深入推进城市执法体制改革 改进城市管理工作的指导意见》,《城市管理执法制式服装和标志标识供应管理办法》。

第二十二条 城市管理执法应当保障必要的工作经费。

工作经费按规定已列入同级财政预算,城市管理执法主管部门不得以罚没收入作为经费来源。

● **条文主旨**

本条是关于城市管理执法工作经费的规定。

---

[1] 《统一城市管理执法制式服装和标志标识》,载中国建设报网,http://www.chinajsb.cn/zk/content/2017-02/17/content_209138.htm,最后访问时间:2017年4月5日。

[2] 张玉胜:《城管换装只是规范执法的第一步》,载《当代广西》2017年第5期。

● 条文解读

"巧妇难为无米之炊",没有足够的执法经费,城市管理工作的日常运转难以维系,城市管理行为也难以达到预期效果。行政执法作为一项公共产品和公共服务,行政执法经费是公共财政的重要组成部分。为城市管理执法提供必要的经费保障,既是加强城市管理的现实需要,也是促进社会可持续发展的内在要求。城市管理执法工作经费应当列入财政专项预算,实行全额保障,即财政应充分保障城市管理执法主体的工作经费,统一由财政纳入预算予以保障。市场经济体制下的政府预算制度是纳税人和市场通过立法机构对政府行政权力的约束和限制,是政府必须接受的立法机构对其做出的授权和委托,其整个活动要受到法律及立法机构的严格制约。[①] 预算是整个国家财政活动的重要内容,也是监督政府权力的重要途径。将城市管理执法工作经费列入财政专项预算,对于充分发挥预算有计划地筹集和供应资金的作用,监督各项公共服务和经济活动,以及集中资金进行城市管理重点工作,不断改善满足广大人民群众物质生活条件和精神文化水平的需求具有重大意义。将城市管理经费列入同级财政预算,并与城市发

---

① 彭健:《政府预算理论演进与制度创新》,中国财政经济出版社2006年版,第308页。

展速度和规模相适应,是保证行政执法合法、公正的重要措施,也是构建新的行政执法体制的重要内容。

经费保障问题是制约城管执法工作可持续发展的"老大难"问题。随着城市面积的不断扩大、城市管理要求不断提高,城市管理工作任务日益加重,经费问题愈加突出。如果没有充足的经费保障,即使城市管理执法机关能够恪守原则、坚持操守、秉公执法,执法经费的不足也必然导致城管执法工作被动,严重制约执法的实际效果。必要的经费保障是城市管理正常进行不可或缺的条件。

行政处罚法对行政处罚设定权、行政处罚主体资格、听证、罚款决定与罚款收缴相分离等都作了明确规定,旨在杜绝"逐利性"执法。该法第六十七条规定:"作出罚款决定的行政机关应当与收缴罚款的机构分离。除依照本法第六十八条、第六十九条的规定当场收缴的罚款外,作出行政处罚决定的行政机关及其执法人员不得自行收缴罚款。当事人应当自收到行政处罚决定书之日起十五日内,到指定的银行或者通过电子支付系统缴纳罚款。银行应当收受罚款,并将罚款直接上缴国库。"第七十条规定:"行政机关及其执法人员当场收缴罚款的,必须向当事人出具国务院财政部门或者省、自治区、直辖市人民政府财政部门统一制发的专用票据;不出具财政部门统一制发的专用票据的,当事人有权拒绝缴纳罚款。"第七十四条第二款和第三款明确规定:"罚款、没收的违法所得或者没收非法财物拍卖的款项,必须全部上缴国库,任何行政机关或者个人不得以任何形式截留、私分或者变相私分。罚款、没收的违法所得或者没收非法财物拍卖的款项,不得同作出行政处罚决定的行政机关及其工作人员的考核、考评直接或者变相挂钩。除依法应当退还、退赔的外,财政部门不得以任何形式向作出行政处罚决定的行政机关返还罚款、没收的违法所得或者没收非法财物拍卖的款项。"第七十九条第一款规定:"行政机关截留、私分或者变相私分罚款、没收的违法所得或者财物的,由财政部门或者有关部门予以追缴,对直接负责的主管人员和其他直接责任人员依法给予行政处分;情节严重构成犯罪的,依法追究刑事责任。"

尽管上述规定在一定程度上制止了"逐利性"执法,但时至今日,我国一些执法队伍仍然不同程度地存在下达罚款指标、罚款分成、以收定支等现象。这将执法者自身的利益和罚款数额紧密联系在了一起,所以某些城市管理执法者在执法过程中不是意在纠正违法行为,而是意在收费、罚款。

"行政执法是政府管理社会的一种规范化、正当化的法律活动,就其本身来说不应以追求经济利益为目标。"[1]

---

[1] 杨解君:《走向法治的缺失言说:法理、行政法的思考》,法律出版社2001年版,第236页。

执法经费与罚款数额的绑定,在实质上改变了罚款的用途,致使执法目标发生偏移和异化。这样的趋利体制导致执法行为与执法人员的利益直接挂钩,造成执法行为与执法目的的严重背离。"自费执法"或类似的情形是行政机关及其人员滋生腐败的制度根源,直接导致了很多行政执法主体以罚没收入的高低作为执法成就的指标,甚至将财产罚作为行政执法的重要手段,而在执法力度上更是追求罚款数额的最大化。[①] 现实中确实存在权力寻租和选择性执法、突击性执法,这必然影响城市管理机关公正、严格执法,损害执法机关的形象和权威。

解决城市管理行政执法中乱罚款问题,消除因利益驱使而滋生的各种执法乱象,有效隔断城市管理执法机关与私人利益间的"纽带",就必须由财政承担起必要的城市管理执法经费,对城市管理执法人员的工资、津贴要保证按时、足额拨付,对城市管理执法机关开展执法检查、行政处罚等行政职责所需的正常经费要予以充分保障。而且不能以罚没收入返还的方式保障城管经费,以避免利益驱动办案。对此,要从统筹经济社会发展、深入推进法治政府建设的高度,充分认识到城市管理执法经费保障工作的重要性和紧迫性,进一步完善执法经费保障机制,规范执

[①] 王青斌:《论执法保障与行政执法能力的提高》,载《行政法学研究》2012年第1期。

法经费保障工作，为城市管理工作提供有力保障。按照"收支脱钩、全额保障"的要求，优化财政支出结构，积极克服财力困难，确保行政执法机关经费保障与自身组织的收入完全脱钩，确保行政执法经费保障水平与行政执法工作需要基本适应。

● 相关规定

《中华人民共和国行政处罚法》第六十七条、第七十条、第七十四条、第七十九条。

第二十三条 城市管理领域应当建立数字化城市管理平台，实现城市管理的信息采集、指挥调度、督察督办、公众参与等功能，并逐步实现与有关部门信息平台的共享。

城市管理领域应当整合城市管理相关电话服务平台，建立统一的城市管理服务热线。

● 条文主旨

本条是关于建立数字化城市管理平台、电话服务平台的规定。

● 条文解读

目前我国城市化进程正处于加速发展阶段，社会公众对于生活环境的要求也日益提高，城市管理重要性日渐凸显。城市管理是一种动态活动，不同时期的城市管理有不同的内涵，与当今经济社会和城市化进程高速发展相比，传统的城市管理理念、方法和手段虽然在一些方面有所进步，但也积累了不少问题，严重制约城市化水平的进一步提升。传统的城市管理，信息传输方面主要都是工作人员通过人工传送，复杂的手工传递链条，由于在实践中所进行的信息传输存在失真以及衰减的现象，直接导致政府在城市管理工作中的效率和服务水平的降低。

处在信息网络化时代，现代科学技术的运用也为构建和谐城管提供了技术支撑，城市管理的手段也在不断进步，向数字化、信息化迈进，数字城管将城市管理带入信息高速公路时代。通过互联网管理系统开发、人机功能替换、智能筛选决策等一系列手段，交由计算机自动处理、互联网付诸实施，实现"做成做好工作，解放城管人力和提高工作效率"的目标。[1] 尤其是数字城管技术的应用可以使许多城市管理中的难题变得比较容易解决。数字城管经过多年的实践发展，向纵向和横向不断扩张，功能更强、覆盖面更广，已经突破了传统的城市管理范畴，打破了各城市管理机关的壁垒。

---

[1] 余波：《"互联网+"对接城管新模式探讨》，载《城市管理与科技》2016年第4期。

在信息社会中，有必要将信息技术更好地运用到城市管理工作中去，进一步提高城市管理的效率和水平。城市管理行政执法需要在新一轮的互联网技术革命浪潮中，借力找到科学技术和行政执法行为的结合点，以数字城管为契机走上科学、文明、规范、法治的良性循环之路。数字城管又叫"数字化城市管理"或"城市管理数字化"，指综合应用互联网技术、计算机技术、数据库、无线通信技术、3S 等数字信息技术，将政府控制的各种管理资源和公共服务资源集成编制为一个信息系统，并相应创新城管机制。[1] 这种管理模式通过对城市管理对象的地域特征、形象特征、属性特征进行数字化，并将这些数字化的特征数据，采用计算机、网络等信息技术手段，进行存储、传输、整合、分析，最终以声音、图像、图形、文字等形式输出，作为城市管理的重要技术依据，以提高城市管理的效率和质量，维护和拓展城市综合功能。[2] 城市管理进入数字化管理时代后，在处理速度、管理范围、精度效率等方面都比传统的人力城管模式有极大的提高。比如，街道上的路灯坏了，城市管理人员利用移动执法终端记录事件并通过 GPS 定位系统定位事件地点，发回指挥中心，有关部门就

---

[1] 张明维：《智慧城管在昆明城市管理综合行政执法中的应用研究》，云南大学 2013 年硕士学位论文。

[2] 陈群民、白庆华：《新世纪中国城市信息化管理的探索》，载《现代城市研究》2001 年第 4 期。

会在第一时间发现并解决问题。再如，城管人员通过数字化城市管理平台，可以及时接受系统中心传送的违法建设信息、散发小广告信息等违法行为信息，迅速、准确地到达指定地点、提前准备、迅速解决问题，提高工作效率。

此外，城市信息化管理的大力发展，给城市管理带来了许多新方法，"12319"城市管理服务热线就是典型代表。1996年，中宣部、国务院纠风办、原建设部联合推广烟台建委社会服务承诺制经验后，各地建设系统改进服务态度，提高服务质量，纷纷向社会公布维修、监督电话，生活在中等城市的居民需要记住涉及建设系统的几十个电话号码，这给群众生活又带来了不便。1998年，原建设部精神文明建设指导委员会研究后提出了"经过建设系统几年实践，在相关部门支持下，建成全国各地统一的服务热线"的目标。2001年，原建设部在青岛召开了全国建设系统服务热线现场推进会，推广了青岛市公用局98111等五种类型的服务热线。2002年6月，原建设部提出建立全国建设事业统一服务热线申请，把面向百姓生活的报修维修、政策咨询、问题投诉及参与城市建设和管理的合理化建议统一到一个服务热线平台，先受理城市供水、公交、燃气、供热、市政、环境卫生、园林绿化、城建监察等行业，最终建成全国统一的涵盖整个城市的建设管理和服务工作的服务热线。同年9月，原信息产业部批复原建设部，将

12319作为全国建设事业服务热线特服号码。2003年，原建设部召开了全国建设事业服务热线（12319）现场会，印发了《建设部关于推行全国建设系统"12319"服务热线的通知》，全面推行12319建设事业服务热线。[①]

为进一步推进城市管理12319电话服务平台的发展，2015年《住房城乡建设部办公厅关于开通12319短消息服务的通知》发布，决定在全国范围内开通12319短消息服务，以进一步拓宽服务市民的渠道，提高为民服务水平和效率。该通知明确，12319短消息服务的主要内容包括：城市建设的应急管理（向有关人员发送建设工程接警平台的有关信息、12319热线接电或其他途径获知的重大紧急突发事件）；市民涉及住房城乡建设工作的诉求短信回复；12345市民热线工单先行告知；重要信息采集发布；短信回访和满意度调查等。住房和城乡建设部要求各地应统筹协调12319热线与短信平台建设，统筹规划，科学使用，提高利用效率。有条件的省（区、市）可建立统一的综合信息服务平台，充分利用微信、微博等现代媒体平台，努力探索城市管理的新方法和新模式。通知特别强调12319短消息服务代码的适用范围：仅限于面向社会开展跨省或

[①] 《建设事业12319服务热线的由来》，载中华人民共和国住房和城乡建设部网站，http://www.mohurd.gov.cn/ztbd/ckxycjwmdwwsxhd/gz12319rx/200907/t20090718_192581.html，最后访问时间：2017年4月5日。

全国性非紧急类公益性短消息服务，不得从事任何经营性活动。社会公众利用该代码发送短信息只需付基本通话费，无需付信息费。

具体来说，12319热线主要按行业来分配、下达任务。接到市民的来电后，12319指挥中心主要负责受理登记并迅速转达责任单位处置，责任单位按承诺时限赶赴现场处理，到达现场后立即向12319指挥中心报告到达时间和现场情况，进行处理后向12319指挥中心报告处理结果，12319指挥中心向市民反馈处理结果并征询意见，结合处理情况给予考核评价并汇总通报。有了12319热线做统一协调，就可以更快地对市民的投诉或求助作出反应，更好地做好职能部门与市民的沟通。12319城建服务热线对市民反映的问题做到了次次有回声、件件有反馈，深得社会各界的广泛赞誉，已经成为关注民生、倾听民意、排解民忧的快速绿色通道，成为市民解决生活中遇到的困难、疑问等方面问题的重要平台。不少市民认为，12319信息化平台的建立，充分发挥了上情下达、下情上传的作用，使市民的诉求和呼声在最短的时间内反映到政府部门，政府以最快的速度解决市民的合理要求和实际困难。[①] 12319城建服务热线在一定程度上促使城市管理部门改变工作方

[①] 张士君、王震：《"12319"城建服务热线倾听民意的快速绿色通道》，载《驻马店日报》2009年4月16日。

法，转变工作态度，提高工作效率，实施人性化服务、科学化管理。

2015年《中共中央 国务院关于深入推进城市执法体制改革 改进城市管理工作的指导意见》正式发布。该指导意见明确指出："整合信息平台。积极推进城市管理数字化、精细化、智慧化，到2017年年底，所有市、县都要整合形成数字化城市管理平台。基于城市公共信息平台，综合运用物联网、云计算、大数据等现代信息技术，整合人口、交通、能源、建设等公共设施信息和公共基础服务，拓展数字化城市管理平台功能。加快数字化城市管理向智慧化升级，实现感知、分析、服务、指挥、监察'五位一体'。整合城市管理相关电话服务平台，形成全国统一的12319城市管理服务热线，并实现与110报警电话等的对接。综合利用各类监测监控手段，强化视频监控、环境监测、交通运行、供水供气供电、防洪防涝、生命线保障等城市运行数据的综合采集和管理分析，形成综合性城市管理数据库，重点推进城市建筑物数据库建设。强化行政许可、行政处罚、社会诚信等城市管理全要素数据的采集与整合，提升数据标准化程度，促进多部门公共数据资源互联互通和开放共享，建立用数据说话、用数据决策、用数据管理、用数据创新的新机制。"

● **相关规定**

《建设部关于推行全国建设系统"12319"服务热线的通知》《住房城乡建设部办公厅关于开通12319短消息服务的通知》《中共中央 国务院关于深入推进城市执法体制改革 改进城市管理工作的指导意见》。

第二十四条 城市管理执法需要实施鉴定、检验、检测的,城市管理执法主管部门可以开展鉴定、检验、检测,或者按照有关规定委托第三方实施。

● **条文主旨**

本条是关于城市管理执法鉴定、检验、检测的规定。

● **条文解读**

随着城市管理的不断发展,城市管理工作整体内涵日趋丰富,且外延不断扩展,执法环境、执法内容、执法对象、案件性质等日益复杂。近年来,由于个别城市管理执法队伍忽视鉴定、检验、检测,部分执法人员存在"重实体、轻程序"的心理,使得对违法行为缺乏判别力,执法过程随意性较大,造成城市管理执法质量不高,处罚不公正的现象时有发生。长期以来,城市管理执法机关在证据收集工作存在一定的滞后性,取证方式方法已经落后,所取的证据证明力不强,证据的收集途径有限,从而造成执法人员在证据收集上,常常是间接证据多、直接证据少;传来证据多、原始证据少。除现场检查笔录和调查询问笔录这两种证据外,其他类型的证据都很少被运用。当事人否认违法事实,又没有其他的证据予以辅证,就极易形成没有证据证明违法事实的情况,无法给案件定性,很容易造成工作被动的局面。通过对行政败诉案件的总结不难发现,相当一部分案件是由于行政机关及其执法人员没有取得足够的证据造成的。[1] 因此,城市管理执法中实施鉴定、检验、检测对进一步增强证据的有效性和准确性有着十分重要的意义。

城市管理执法部门自行鉴定、检验、检测或具有鉴定、检验、检测权的部门受城市管理执法部门的委托,运用专门的知识和技能,对城市管理执法中某些专门性的问题,进行分析、检验、鉴别、判断等。城市管理执法实施鉴定、检验、检测的特征分为以下几种:一是主体的专有性,即进行鉴定、检验、检测的主体需是城市管理执法主体或受城市管理执法部门的委托具有鉴定、检验、检测权的部门;二是依据的技术性,是由具有某项专门知识的人利用其专

---

[1] 程灿灿:《行政执法证据制度研究》,安徽大学 2015 年硕士学位论文。

门知识和技术手段，以国家颁布的标准和检定规程对客观事物的某种属性进行观察、验证，并作出具有权威性的科学认定或判断；三是功能的直接性，即鉴定、检验、检测的结果对判定城市管理执法对象的行为的性质起直接作用。随着城市管理执法工作向纵深方向不断发展，必须配备相应的专业检测设备，以实施必要的检测认证手段，收集证据作为管理和执法依据。

※ 适用指导 ※

一、关于城市管理执法装备的地方实践

安徽省合肥市庐阳区于 2016 年成立了首支城管执法电动巡逻车机动应急队伍，95 辆城管执法电动车发放到了庐阳区的城管执法队员手中，这些电动车将用于处理庐阳区城市管理工作中的各类突发事件，以及城管日常巡查和执法。据了解，庐阳区位于老城区，人流车流量大，支路、街巷较多，车辆不好进入，"成立城管执法电动巡逻车应急队伍，主要就是用于这些街巷和支路，便于各项任务的应急、巡查执法和随时随地接受群众反映问题"，庐阳区城管局相关负责人介绍。此外，庐阳区城市管理局的首批电动执法巡逻车实行专人专车管理。车辆全部经过喷涂，城管执法标识醒目，车身上绘制的线条及颜色简洁明了，车后部配备了可放置现场执法文书的储物箱。[1]

城市管理需要顾及的区域很广，经常出现巡视及执法的真空地带，使得"打游击"的问题频频出现，执法工作没有达到理想效果。而执法车辆能够实现对辖区的全面管理，使得辖区的各种情况均在掌握之下，而不会出现"真空地带"，也使得城市管理工作效率得以提高。

二、关于城市管理执法的数字化平台、电话服务平台的地方实践

随着信息技术和网络技术的快速发展，社会信息化程度不断提高，城市信息化管理已经成为21世纪的必然趋势。从2005年开始，住房和城乡建设部先后组织了三批共51个国内城市和城区进行数字城管试点。2007年1月，《建设部办公厅关于加快推进数字化城市管理试点工作的通知》，要求进一步加强数字化城市管理试点工作。随后又公布了第三批24个试点城市（城区）名单。住房和城乡建设部已明确"在全国地级以上城市全面推广数字城管"的工作目标。要求各省（自治区、直辖市）城乡建设行政主管部门负责本行政区域的数字化城市管理模式推广工作，积极组织制定本区域的数字城管发展规划，并做出

---

[1] 《合肥首支城管执法电动巡逻车机动应急队伍成立》，载安徽网，http://www.ahwang.cn/hefei/20160811/1549087.shtml，最后访问时间：2017年4月5日。

具体工作部署。各个城市政府要从实际出发，根据各省（自治区、直辖市）城乡建设行政主管部门的规划要求，结合本市发展实际，研究和制定推广数字化城市管理模式的工作计划。

2004年10月，北京市东城区在全国首次建成了"网格化城市管理新模式"，并投入运行。北京市西城区城市运行管理系统建设利用整合交换共享平台、GIS、OA、网络传真、视频会议、短信平台等资源，在处置流程上形成事前预测、事中处理、事后分析的模式，在数据上实现"一张图、一张表、一套曲线"的应用模式，在结构上实现纵向市、区、分中心、科室协同横向上职能部门联动的监管模式。2013年北京市城市管理综合执法局通过借鉴先进技术，以北京市地理信息服务基础设施、"城管地图"公共服务平台为载体开展了公共服务模式创新的探索。建设感知、分析、服务、指挥、监管"五位一体"的城管物联网平台，北京市城管执法局正在推进"巡查即录入、巡查即监察"的工作模式，强化服务提升、市民互动、社会协同、快速回应的能力，提升城市管理的精细化、智能化、社会化水平，实现从"数字城管"向"智慧城管"的跨越。2006年北京市政管委已经建立了信息化城市管理系统，信息化城市管理系统包括一个市级平台和八个区级平台，并接入与城市管理相关的委办局和公共服务企业信息系统。平台一期实现了对6大类、92小类城市管理部件，5大类、69小类城市管理事件的动态管理。[①] 城管综合执法应该充分利用此信息化系统所带来的便捷，在现有条件下不断完善此信息化系统，通过整合各种资源，充分发挥现有资源的作用，提高执法质量与执法效率。

昆明市是全国数字城管第二批试点城市之一，于2008年8月全面启动系统建设，当年12月30日试运行，2009年12月25日，通过住房和城乡建设部专家组正式验收，并被授予"数字化城市试点城市"称号。[②] 按照"整合资源、信息共享、统一监督、两级指挥、分工协作、按责处置、市民参与、综合执法、全面覆盖、分类考评、服务市民"的城市管理新模式，昆明市数字化城市管理系统平台运行实行"统一接入、分步受理、分级处置"的工作模式。昆明市采用全市统一的城市管理系统平台，全市的城市管理数据从市级城市管理系统指挥中心唯一一个入口进入，实现市、区两级管理。各类信息（12319或8212319城管热线、监督员上报、短信15912412319、网上投诉）

[①]《北京市信息化城市管理系统正式开通》，载新华网，http://www.bj.xinhuanet.com/bjpd_bjzq/2006-04/10/content_6693415.htm，最后访问时间：2017年4月5日。

[②]《昆明"数字城管"成全国试点》，载新浪网，http://news.sina.com.cn/c/2009-12-27/144116840756s.shtml，最后访问时间：2017年4月5日。

从该入口统一接入,分转至各区受理,昆明市市民只需记一个电话号码"12319"或网址,各区城市管理指挥平台和其他部门共享数据。①

各县级城市管理机关也在大力推进数字化城管建设。唐山玉田县数字化城管系统试运营后,较人工管理阶段办案效率和办案满意度大幅度提高,为城市管理增添了强劲动力。2014年玉田县投资200万元启动了数字化城管系统平台建设,并于11月底完成系统建设开始试运行。数字化系统平台以县城公共设施、道路设施、市容环境、园林绿化、其他设施五大类城市部件以及市容环境、宣传广告、施工管理、街面秩序、突发事件及其他事件六大类城市事件为基础,将33平方公里的城区划分为10个责任网格和1230个"万米"单元网格。对每个网格内的井盖、路灯、垃圾箱、广告牌等最基础的城市构成要素进行了全面的地理信息普查,制成了电子地图,形成了一张数字化信息大网。网内的每个部(事)件出现破损、丢失等问题,系统都能及时得到信息。系统得到信息以后,会快速定位事件,并按照部(事)件管辖权限将任务下派到相关职能单位,进行维修或更换,从而实现了"服务流程再造"和"快速调度指挥",使问题能在最短的时间内得到最有效的解决,

---

① 张明维:《智慧城管在昆明城市管理综合行政执法中的应用研究》,云南大学2013年硕士学位论文。

最终提高广大市民的满意度。[1]

在住房和城乡建设部高度重视和各地政府及行政主管部门的共同努力下，近年来，12319服务热线建设稳步推进，由局部到整体，由易到难，逐步完善，步入正轨。根据群众的反映、投诉、举报、咨询，像供热、公交、小广告治理等方面社会各界都有比较好的反映，群众比较满意。以小广告治理为例，被称作"城市牛皮癣"的小广告长期以来一直为城市形象带来不小的负面影响，其特点是数量大，清除困难，反弹性强。由于经费、人员等相对不足的原因，往往一条街道还没清理完就再次反弹，整体成效不大，市容环境难以得到根本改观。为优化市容环境，既需要城市管理执法部门加大对乱喷乱涂、乱贴乱画等违法行为的清查、整治力度，也需要广大市民的配合，如果市民在街头发现乱贴"小广告"现象，可以拨打12319进行举报。[2] 城市管理方面的工作和市民生活息息相关，做好做坏直接影响着城市环境和生活质量。作为电子政务重要组成部分的12319城建服务热线，本着为政府体察民情、了解民意、凝聚民心提供一种便利、快捷的方式和渠道，坚

---

[1] 《唐山玉田县数字城管结案率达到99.8%》，载昆明市城市管理综合行政执法局网站，http://cgj.km.gov.cn/c/2016-09-26/1508360.shtml，最后访问时间：2016年11月1日。

[2] 孙潇：《拨打12319举报小广告》，载《昆明日报》2014年12月20日。

持强化信息化建设，不断提升为民服务水平，越来越被人民所关注和支持，成为城市建设系统统一为民服务的窗口，解决群众生活急难问题的平台。12319城管服务热线，目的就是整合现有的城市管理资源，构建相对独立的城市管理监督平台，协调并督察督办各有关部门处理投诉的情况，提升城市管理的工作效率，为广大市民提供更加方便快捷的服务。以往市民投诉或求助往往不知道找哪个部门，如果职责不清还容易产生推诿扯皮现象。12319城建热线系统通过电话、互联网、传真、电子邮件等多种现代化信息手段，把目前城市建设管理工作范围内不同的服务、投诉热线整合到了一个信息平台，集中了市民对城市建设管理方面的咨询、投诉、批评、建议、意见等。一级平台受理后及时派单到二级平台相关责任单位，并根据工作流程将处理结果答复市民，完成广大市民与城市建设管理各部门和单位的互联互通。[1]

三、关于城市管理执法中鉴定、检验、检测的实践

现代行政的专业性逐渐增强，城市管理执法过程中所需要的专业知识和专业技术也随之增加。如某些领域的执法需要经过专业性较强的调查取证，对人员和设备要求较高，部分领域的执法甚至需要得到专业机构的鉴定支持。

---

[1] 马芳：《要把12319城建热线办好办出特色》，载《呼和浩特日报（汉）》2006年11月18日。

城市管理执法过程中类似的情况也有很多，尤其是涉及质检、食药类案件等，由于其专业性、技术性强必须依赖法定检验机构出具的检验报告或证书，成为执法办案的有力证据。

城市管理执法中对违法行为需要进行技术鉴定的，应当提请有关行政管理部门或专业鉴定机构进行鉴定，如环境保护方面的社会生活噪声、施工噪声、扬尘的界定等。目前取证工作，有的地方是城管部门自己鉴定，有的地方联合环保部门边取证边鉴定。环境保护部门是我国专门检测环境和监督保护环境的政府工作部门。根据噪声污染防治法第二条第二款的规定，噪声污染，是指超过噪声排放标准或者未依法采取防控措施产生噪声，并干扰他人正常生活、工作和学习的现象。环保部门可以通过自己部门的专家或者聘请相关专家对环境噪声进行鉴定，环保部门的鉴定结论可以作为处罚制造社会生活噪声的个人或团体的依据。

第五章 执法规范

※ 本章导读 ※

制定执法规范的目的是使城管执法部门及其执法人员在城市管理执法过程中规范地行使职权，合理选择适当的执法方式，并严格遵守法定的程序规则，从而保护公民、法人和其他组织的合法权益。从内容上看，本章共十条，即第二十五条至第三十四条，分别规定了执法程序、处罚与教育、执法措施、证据的收集与保存、罚没所得上缴、法制审核、执法信息公开以及行政执法文书的送达等内容。

※ 条文理解 ※

第二十五条 城市管理执法主管部门依照法定程序开展执法活动，应当保障当事人依法享有的陈述、申辩、听证等权利。

◐ **条文主旨**

本条是关于城市管理执法部门在执法中有关程序的规定。

◐ **条文解读**

执法既是行政主体的实体行为，又是行政主体的程序行为，城市管理执法部门的执法活动离不开一定的步骤、方式和过程。因为城市管理的执法活动不仅关系着城市管理的顺利进行，而且关系着公民重要的权利，所以，设定公正、民主、效率的执法程序对于公民权利和城市管理具有十分重要的意义。

一、关于告知和说明理由程序

告知和说明理由程序是对当事人知情权和参与权的基本保障。它要求城管执法部门及其执法人员作出行政处罚决定或者实施行政强制措施之前，必须向行政相对人说明事实依据、法律依据以及进行自由裁量时所考虑的政策、公益等因素。并同时告知当事人其所拥有的权利及救济手段，以确保当事人正确参与行政程序。告知和说明理由既是行政主体的程序义务，又是当事人的程序权利。当事人有权了解执法部门及其执法人员给予行政处罚的违法事实、证据以及法律依据等情况。这在行政处罚法和行政强制法中就已经进行了明确规定。城管执法有其特殊性，执法人员面对的当事人大多都是社会中的弱势群体，他们的法律素质、法律意识不高，往往并不了解自己应有的权利。因此，城管执法部门及其执法人员在作出处罚决定之前更应该耐心地、详细地告知当事人所拥有的权利。只有执法部门及其执法人员在执法的各个阶段均贯彻告知说明理由制度，才能使执法活动更顺利地开展，从而提高城管执法的可接受性和实效性，减少因此而产生的当事人及社会公众的不满情绪。若执法部门及其执法人员不履行告知义务，剥夺当事人的被告知权利，行政处罚决定就不能成立。

二、关于当事人的陈述和申辩权利

在城市管理执法部门和执法人员在实施行政处罚或行政强制措施时，公民、法人或者其他组织享有陈述、申辩、听证的权利。

（一）陈述权是指公民、法人或者其他组织在城管执法部门和执法人员实施行政处罚或者行政强制措施时，有权对有关事实、理由及依据予以说明，有权陈述自己对事实认定的看法以及自己的主张、要求等。申辩权是指城管执法部门和执法人员在实施行政处罚或者行政强制措施的过程中，公民、法人或者其他组织对其提出的不利于自己的证据、理由、依据等问题进行解释、说明、澄清、辩解或驳斥。行政处罚法第七条规定："公民、法人或者其他组织对行政机关所给予的行政处罚,享有陈述权、申辩权……"当事人的陈述和申辩不仅有利于当事人维护自己的合法权益,更有利于执法部门客观、全面地了解案件事实,查清违法行为。因此,执法部门在执法过程中,必须保证当事人依法享有的陈述权和申辩权。行政处罚法第六十二条规定:"行政机关及其执法人员在作出行政处罚决定之前,未依照本法第四十四条、第四十五条的规定向当事人告知拟作出的行政处罚内容及事实、理由、依据,或者拒绝听取当事人的陈述、申辩,不得作出行政处罚决定;当事人明确放弃陈述或者申辩权利的除外。"

(二)当事人行使陈述权和申辩权的主要形式是直接向实施行政处罚或者行政强制措施的工作人员进行陈述、申辩,双方面对面地进行。这种形式灵活、便捷,有利于城管执法人员作出正确的判断。

(三)对于当事人的陈述和申辩,城管执法人员应当认真听取,对其提出的事实、证据和理由应当进行复核,对正确的予以考虑和采纳,对错误的要予以指出和驳回,真正做到以事实为依据,以法律为准绳。

(四)城管执法部门不得因当事人的申辩而加重处罚。行政处罚法第四十五条第二款规定:"行政机关不得因当事人陈述、申辩而给予更重的处罚。"执法部门作出行政处罚,必须查明违法事实,如果公民、法人或者其他组织确有违反城市管理秩序的违法行为,那就应当给予当事人行政处罚;如果当事人违法事实不清楚的,行政处罚就不能成立。这说明,只要有违法行为,无论当事人怎样申辩,都不影响违法事实的客观成立。因此,城管执法部门及其执法人员不得因当事人的申辩而加重处罚。

三、关于听证程序

听证程序是《中华人民共和国行政处罚法》确立的一个程序,是行政机关在作出行政处罚决定之前听取当事人或者利害关系人的陈述和申辩,由听证参加人针对相关问题相互进行质问、辩论和反驳,从而查明事实的过程。在听证程序中,当事人有权充分表达自己的意见和主张,提出有利于自己的证据,有权为自己辩解、反驳,这也便于行政机关及时发现行政程序中存在的问题。建立听证程序的最根本的目的就是赋予公民参与权,从行政执法方面为公民政治参与渠道的畅通提供法律保障。公众或者利害关系人可以采取口头辩论、书面意见、召开会议、开展咨询等多种形式,将自己的意见直接反馈至行政机关,供其参考和吸纳。听证程序赋予当事人为自己辩护的权利,为当事人充分维护和保障自己的权益提供程序上的条件。听证程序可以防止城管执法人员独断专行,加强执法部门的内部制约。

根据《中华人民共和国行政处罚法》的规定,听证程序适用于一些较为严厉的行政处罚行为：如较大数额罚款；没收较大数额违法所得、没收较大价值非法财物；降低资质等级、吊销许可证件；责令停产停业、责令关闭、限制从业；其他较重的行政处罚；法律、法规、规章规定的其他情形，但是行政拘留并不适用听证程序。本办法中没有特别规定在城管执法中听证程序的适用标准，因此可以按照行政处罚法的规定适用。听证程序并非必经程序，符合听证条件的案件，在作出行政处罚决定之前，执法部门应当告知当事人有权要求听证，当事人必须在法定的权利期限内向行政机关提出申请，只有当事人要求举行听证时，听证程序才必须适用。

听证程序包括下列要点：执法部门举行听证，必须提前通知当事人举行听证的时间、地点；除涉及国家秘密、商业秘密或者个人隐私外，听证公开举行；听证由执法部门指定的非本案调查人员主持；举行听证时，调查人员提出当事人违法的事实、证据和行政处罚建议，当事人进行申辩和质证；听证应当制作笔录，并交当事人审核无误后签字或者盖章；听证结束后，行政机关应当根据听证笔录，依照行政处罚法第五十七条的规定，作出决定。

四、关于适用简易程序的规定

简易程序即当场作出行政处罚决定的程序，是处理较轻违法行为、处以较轻并对当事人权益影响不大的行政处罚时应遵守的比较简单的行政处罚程序。适用简易程序应该具备法定条件：（1）违法事实清楚、确凿。这主要指案情比较简单、事实清楚、证据确凿，无需再作进一步的调查取证。（2）有法定依据。行政处罚适用简易程序必须由法律、法规或者规章的明文规定，而且如何处罚也要有明文规定，否则不能适用。（3）限于特定的行政处罚种类。对公民处以二百元以下、对法人或者其他组织处以三千元以下罚款或者警告的行政处罚的，才能适用简易程序。除此之外的其他种类的行政处罚，只能按一般程序办理，不能适用简易程序。

执法部门适用简易程序一般包括以下几个内容：（1）表明身份。执法部门执法人员应当出示执法身份证件，以表示处罚主体的合法性。（2）说明理由。在作出当场处罚决定前，应当向受处罚人说明即将作出处罚决定的事实和法律依据，并简要地听取受处罚人的申辩。（3）制作当场处罚决定书。执法人员填写预定格式、编有号码的处罚决定书。处罚决定书应当载明当事人的违法行为、行政处罚依据、罚款数额、时间、地点以及执法部门的名称，并由执法人员签名或者盖章。（4）行政处罚决定书必须当场交付当事人。当事人对当场作出的行政处罚决定不服的，可以依法申请行政复议或者提起行政诉讼。

城管执法部门在日常的行政执法中，往往较多地适用简易程序查处违法行为。因此，城管执法人员要更加注重掌握和规范运用简易程序，依法查处违法行为。

五、关于适用一般处罚程序的规定

一般处罚程序是行政处罚决定程序中的一个基本程序，如无例外规定，一个行政处罚决定必须适用一般处罚程序，否则，将直接影响到该行政处罚决定的效力。设置一般处罚程序的法律意义在于，以一个完整、科学的行政处罚决定程序规范行政处罚权，有助于保护受处罚人运用程序权利对抗行政机关违法、滥用行政处罚权，从而保证国家法律得以充分、完整地实施。一般处罚程序主要包括：立案、调查取证、听证、决定、送达。

相关规定

《中华人民共和国行政强制法》，《中华人民共和国行政处罚法》第七条、第四十五条、第六十二条。

第二十六条 城市管理执法主管部门开展执法活动，应当根据违法行为的性质和危害后果依法给予相应的行政处罚。

对违法行为轻微的，可以采取教育、劝诫、疏导等方式予以纠正。

● 条文主旨

本条是关于城市管理执法处罚与教育的规定。

● 条文解读

本条规定体现了《中共中央 国务院关于深入推进城市执法体制改革 改进城市管理工作的指导意见》中坚持以人为本的基本原则，即牢固树立为人民管理城市的理念，强化宗旨意识和服务意识，落实惠民和便民措施，以群众满意为标准，切实解决社会各界最关心、最直接、最现实的问题，努力消除各种"城市病"。

一、应当根据违法行为的性质和危害后果依法给予相应的行政处罚

这一规定赋予了城管执法部门及其执法人员一定范围内的行政裁量权，使执法部门在面对某些应实施行政处罚的法定情节时，可依据案件的具体情况酌情进行处理。这符合行政法基本原则中的比例原则，即政府实施行政权的手段与行政目的间应存在一定的比例关系。具体来说，比例原则包括三个子原则：（1）适当性原则，也就是说执法人员选择的执法手段能够实现执法目的或者至少有助于目的的达成，是一种正确的手段。不能因为相对人一个情节较轻的违法或违章行为，执法人员就要采取一个很严厉的举措。(2)必要性原则,也就是说执法人员针对同一目的,有多种合适的手段可供选择时,应选择对人民损害最小的手段。比如违法行为轻微的,应优先采取教育、劝诫、疏导等措施。如过分强调行政处罚、行政强制,以罚代管、单一行使处罚权等,会造成很多问题,不符合现代化的城市管理的需要。(3)相当性原则,是指执法人员所采取的执法手段所造成的损害,不得与要达成的行政目的的利益明显失衡。换言之,选择的手段对于行政相对人所要付出的代价与得到的公共利益价值要相当,不能为了某一种很小的公益,使行政相对人承受很大的损失,此种损失是不成比例的。

二、违法行为轻微的,可以采取教育、劝诫、疏导等方式予以纠正

在城管执法的过程中应当重视教育、劝诫、疏导等非强制性执法方式的作用。凡是通过教育、劝诫、疏导可以达到目的而不需要行政处罚的案件,应侧重选用教育等方式。城管执法的特点是:多数当事人违法行为事实、性质、情节、造成的危害后果不是特别严重。因此要坚持处罚与教育相结合的原则,根据违法行为的性质和危害后果,灵活运用不同执法方式,对违法行为轻微的,应当多做说服沟通工作,加强教育、告诫、引导。这些非强制性执法方式的形式往往是"柔性"的,以说理、讲解、宣传、鼓

励、批评等方式进行，主要针对当事人的心理，通过这些"柔性"的方式，使受教育者心理触动，产生悔改的念头，以达到改正的目的。要落实这些"柔性"的执法方式，应结合各项告知内容形成明确、规范的教育模式，让当事人对自己的违法行为及后果有一个清楚的了解，避免再犯。在建设服务型政府的大背景下，城管执法部门及其执法人员应当转变过去根深蒂固的传统思维，将行政相对人的角色定位从"管理对象"转换为"服务对象"，在执法手段的选择上尽量人性化，对于违法行为轻微的，优先采取说服、教育等柔性执法手段，引导当事人自觉遵守法律法规，及时化解矛盾纷争，促进社会和谐稳定。

● **相关规定**

《中共中央 国务院关于深入推进城市执法体制改革改进城市管理工作的指导意见》。

第二十七条 城市管理执法人员开展执法活动，可以依法采取以下措施：

（一）以勘验、拍照、录音、摄像等方式进行现场取证；

（二）在现场设置警示标志；

（三）询问案件当事人、证人等；

(四)查阅、调取、复制有关文件资料等;

(五)法律、法规规定的其他措施。

● 条文主旨

本条是关于执法措施的规定。

● 条文解读

根据本办法第二条、第八条以及第十条的规定,城管执法部门可以实施法律、法规、规章规定的行政处罚权与行政强制权。也就是说,除行政处罚外城管部门也可以实施法律、法规、规章规定的作为实施相关行政处罚权必要手段的行政调查、检查和与行政处罚有关的行政强制措施。本条规定为城管执法人员调查取证提供了必要的法律保障,解决了调查取证手段不足的问题,保证了调查取证的合法性。本条的内容是对如何行使调查权、检查权以及行政强制法规定的行政强制措施的细化规定。

一、关于调查取证

调查是行政机关为了正确实施行政处罚而采取的对公民、法人或者其他组织的有关事项的直接或间接的检查手段,以获得行政处罚所需要的证据或事实根据。在整个行政处罚决定程序中,调查是一个必经的、极其重要的法定程序。它是行政机关取得信息、行使行政处罚权的第一步,没有调查就没有证据，没有证据便不能实施行政处罚。在调查过程中，行政机关一般可采用如下取证方式：

（一）询问案件当事人、证人

当事人是对案件事实真相有清楚了解的人，因此，对当事人的询问必不可少。询问当事人可以在执法现场进行，也可以到其住所或工作单位进行，还可以通知当事人到指定地点进行。当事人有两个或者两个以上的，应当分别询问。询问当事人必须由两名或两名以上行政执法人员依法进行。进行询问必须出示证件，以证明自己身份的合法性；询问当事人应当首先核实当事人的身份信息，并告知当事人有申请回避的权利，对当事人提出的回避应依法予以办理；询问当事人应制作调查笔录或询问笔录。调查或者询问笔录的内容主要有：调查询问的时间和地点、询问人和被询问人、询问和陈述的主要内容。调查或询问笔录应不失原意，并交被询问人核对，对于没有阅读能力的，应当向其宣读；应当允许被询问人提出补充或更正；被询问人确认笔录无误，应当在笔录上注明。

询问证人也是调查的主要方式。询问证人前要熟悉案件情况和相应的材料，明确询问的目的和需要查明的问题，并了解证人与当事人之间的关系。询问证人也应由两名或两名以上执法人员依法进行，进行询问必须出示证件，以证明自己的合法身份；询问证人应先查明证人的身份，并告知证人如实陈述案件情况，告知故意作伪证和隐匿案件事实应负的法律责任；证人要对了解的案件情况进行连续的详细叙述。询问证人也应当制作调查或询问笔录。

（二）收集、提取物证、书证

物证和书证具有客观性，因而具有较强的证明效力，行政机关应当尽可能提取这方面的证据，本办法规定城管执法人员可以查阅、调取、复制与违法行为有关的文件资料；以勘验、拍照、录音、摄像等方式进行现场取证。执法人员应当及时细致地提取和收集物证、书证，以防止遗漏与案件有关的物品和痕迹。提取和收集物证、书证是一项既具技术性又具规范性的取证工作。其技术性决定了该项工作在必要时可以采取专门的技术手段；其规范性决定了该项工作必须依法进行，必须出示证件和执法机关证明，提取或者索取的物证、书证必须与违法事实有关，并登记造册。对于物证、书证，行政机关应当尽可能地取得原件，如果取得原件有困难，可以用复印件替代，但应当注意复印件应与原件一致，如无法取得复印件，可通过录像等现代化手段制成视听资料，同时，书证、物证的提供者应对该视听材料的真实性作出证明。

二、关于检查措施

所谓检查，主要是对与案件有关的违法行为的场所、物品进行勘验、检查，它包括对书证、物证以及物品进行鉴定，对物证或者场所的勘验以及对现场的检查等。行政处罚法第五十四条规定，在调查取证过程中，"必要时，依照法律、法规的规定，可以进行检查"。鉴定是为了解决行政处罚案件中的某些专门性或技术性问题，执法部门认为对有关专门技术问题需要作出鉴定时，应当提交当地法定鉴定部门；没有法定鉴定部门的，应提交当地公认的权威部门进行鉴定。鉴定部门在完成鉴定后应当出具具有法律效力的鉴定报告。勘验、检查应当制作勘查笔录。勘查笔录的主要内容有：勘查的时间和地点、勘查人、勘查事项、勘查结论。勘查笔录要由参加勘验、检查的人和见证人签名或者盖章。

☛ 相关规定

《中华人民共和国行政处罚法》第五十四条。

第二十八条 城市管理执法主管部门应当依法、全面、客观收集相关证据，规范建立城市管理执法档案并完整保存。

城市管理执法主管部门应当运用执法记录仪、视频监控等技术，实现执法活动全过程记录。

☛ 条文主旨

本条是关于证据收集与保存的规定。

条文解读

城管执法部门及其执法人员在开展执法活动时,首先应当依法、全面、客观地进行调查,收集有关证据是"以事实为根据,以法律为准绳"的基本要求。进行调查取证,必须坚持合法、全面、客观的原则。所谓合法原则,是指调查取证必须依法进行,执法人员应根据法定权限并遵循法定程序进行调查取证,不得采取威胁、引诱、欺骗等方法取得证据;所谓全面、客观原则,是指调查取证必须从实际出发,全面客观地收集与案件事实相联系的一切证据,尽可能地走访与案件相关的所有人员。执法人员特别是调查人员,要忠于事实真相,坚持客观性,防止主观臆断,坚持全面性,防止片面认识。

规范建立城市管理执法档案是为了记录执法过程中的重要信息,将相关证据进行登记保存。城市管理执法档案是指在实施行政处罚、行政强制及其他行政执法过程中形成的具有一定保存价值的各种文字、图表、声像和电子载体等形式的原始记录。规范建立城市管理执法档案,可以客观反映执法人员的执法情况,使执法责任更加明晰,确保执法过程全程"留痕",从而进一步提高城市管理执法工作的公信力,减少和化解城管执法争议。其中,城市管理执法档案必须涵盖全部执法过程,涵盖全部执法人员,涵盖全部执法职能，这样可以有效提高执法的透明度，遏制城管执法行为的随意性。

以前在城管执法中先进的科学技术运用较少。随着城市科技化管理的提高，对城市管理按照网格化、数字化模式进行管理已经迫在眉睫。因此在执法过程中应该综合运用执法记录仪，视频监控等技术，加强执法信息化建设。本办法第二十八条第二款规定，城市管理执法主管部门应当运用执法记录仪、视频监控等技术，实现执法活动全过程记录，就是要充分利用现代化的文字、录音、录像等执法技术和设备，对城管执法活动进行记录。执法记录的方式可以分为文字记录和动态记录两种形式。动态记录主要就是通过具有同步录音录像功能的执法记录仪、视频监控等形式记录城管执法的全过程。对于城管执法的重要环节以及容易产生争执纠纷的地方，应重点采用录音、录像或视频监控的方式进行记录，这样有利于最真实地还原执法的过程，固定证据，震慑违法行为人，推动案件的有效处置。

● 相关规定

《住房城乡建设部城市管理监督局关于推行城市管理执法全过程记录工作的通知》。

第二十九条 城市管理执法主管部门对查封、扣押的物品，应当妥善保管，不得使用、截留、损毁或者擅自处置。查封、扣押的物品属非法物品的，移送有关部门处理。

● 条文主旨

本条是关于被查封、扣押物品的保管与处理的规定。

● 条文解读

目前，对被查封、扣押物品的保管主要由实施查封、扣押措施的行政机关负责。在城管执法主管部门未对被查封、扣押的物品作出最终的处分前，其仍属于当事人的合法财产。因此，城管执法主管部门在查封、扣押的过程中担任的是临时保管人而非财物处分人的角色，其应当妥善履行保管义务。但是，实践中，执法部门可能因保管不力，致使被查封、扣押的物品损坏、遗失，甚至被随意使用和非法处理。所以，根据行政强制法的规定，如果执法部门使用、截留、损毁和擅自处分被查封、扣押的物品造成当事人损失的，应当承担赔偿责任。查封、扣押的物品属于非法物品的，应该将其移送至有关部门处理，城管执法部门及其执法人员不得擅自处理。

◗ **相关规定**

《中华人民共和国行政强制法》第二十六条。

第三十条 城市管理执法主管部门不得对罚款、没收违法所得设定任务和目标。

罚款、没收违法所得的款项，应当按照规定全额上缴。

◗ **条文主旨**

本条是关于禁止设定罚没目标和罚没所得全额上缴的规定。

◗ **条文解读**

（一）实践中，某些城管执法主管部门给罚款、没收违法所得设定了目标任务，对此，本办法明确规定，城市管理执法主管部门不得对罚款、没收违法所得设定任务和目标。

（二）罚款、没收违法所得的款项，必须全额上缴，城管执法部门不得以任何形式截留、私分或者变相私分。财政部门不得以任何形式向作出行政处罚决定的行政机关返还罚款、没收的违法所得或者返还没收非法财产的拍卖款项。城管执法部门的行政经费,应当由有关财政部门按照国家财政预算拨给。为了落实"收支两条线",行政处罚法确立了"罚收分离"制度,即作出罚款决定的行政机关应当与收缴罚款的机构分离。

● 相关规定

《中华人民共和国行政处罚法》第六十七条。

第三十一条 城市管理执法主管部门应当确定法制审核机构,配备一定比例符合条件的法制审核人员,对重大执法决定在执法主体、管辖权限、执法程序、事实认定、法律适用等方面进行法制审核。

● 条文主旨

本条是关于法制审核制度的规定。

● 条文解读

《法治政府建设实施纲要(2021—2025年)》明确提出要全面严格落实重大执法决定法制审核制度。重大执法决定法制审核制度就是指在行政执法过程中,为保证执法行为的规范和公正,行政机关在作出重大执法决定之前,先由机关内部法制审核机构对重大执法决定在执法主体、管辖权限、执法程序、事实认定、法律适用等方面的合法性及合理性进行审查,并提出书面审查意见供决策者参考的一种内部监督制约程序,未经法制审核或者审核未通过的,不得作出决定。其目的就是努力保证重大行政执法决定合法、有效,避免因执法违法或不当损害公民、法人和其他组织的合法权益,影响社会稳定或者产生其他不良后果,努力提升行政执法权威性、公信力和执行力。具体可从以下几个方面作进一步理解:

一、法制审核的范围

重大执法决定法制审核制度是在作出执法决定之前增加的一项内部程序机制,有助于保障执法决定的公正,但增加一项内部程序必然会降低行政效率。因此,为了平衡公正与效率,本办法将法制审核的范围限定在重大执法决定的范围,并不包含所有的执法决定。例如,一些可适用简易程序作出的执法决定,应该都不属于重大执法决定,不适用法制审核制度。根据行政处罚法第五十八条的规定,必须经过法制审核的行政处罚决定适用于以下情形:涉及重大公共利益的;直接关系当事人或者第三人重大权益,经过听证程序的;案件情况疑难复杂、涉及多个法律关系的和法律、法规规定应当进行法制审核的其他情形。

二、法制审核的主体

本办法规定法制审核的主体是由城市管理执法主管部

门确定的法制审核机构，属于城管执法主管部门的内设部门，因此重大执法决定的法制审核仍然属于行政机关工作人员履行职责的职务行为，属于行政执法中的一个环节，是行政机关内部法律监督的程序。

三、法制审核的内容

对重大行政执法决定进行法制审核，审核的具体内容是什么？本办法规定对重大执法决定在执法主体、管辖权限、执法程序、事实认定、法律适用等方面进行法制审核。即主要审核拟作出行政执法决定的主体职权，所根据的事实（证据）、法律依据，以及所执行的程序等内容，具体要求包括审核是否属于本机关的职权范围；事实是否清楚，证据是否确凿；适用法律依据是否正确；是否符合法定程序；内容是否适当。

四、结果的参考性

法制审核所得出的结果仅仅是为决策者提供参考，该审核意见不能代替最终的执法决定，但却是重大行政执法确定作出之前的必经程序。

◐ 相关规定

《中华人民共和国行政处罚法》第五十八条，《法治政府建设实施纲要（2021—2025年）》。

第三十二条 城市管理执法主管部门开展执法活动，应当使用统一格式的行政执法文书。

● 条文主旨

本条是关于行政执法文书要求的规定。

● 条文解读

使用统一的行政执法格式文书是贯彻国务院《全面推进依法行政实施纲要》，坚持依法行政，规范行政执法行为的需要。同时也是提高城管执法人员的业务水平，提高办案质量，加强城市建设管理的需要。执法人员应当在行政执法文书上签名或者盖章，并在规定期限内将其送达当事人。行政执法文书也是当事人依法申请行政复议或者提起行政诉讼的法律上的依据。

● 相关规定

《中华人民共和国行政处罚法》第五十九条。

第三十三条 行政执法文书的送达，依照民事诉讼法等法律规定执行。

当事人提供送达地址或者同意电子送达的，可以按照其提供的地址或者传真、电子邮件送达。

采取直接、留置、邮寄、委托、转交等方式无法送达的,可以通过报纸、门户网站等方式公告送达。

● 条文主旨

本条是关于行政执法文书送达的规定。

● 条文解读

关于送达方式,参考民事诉讼法类似规定,一般包括以下几种:

(一)直接送达,是将行政执法文书直接送交受送达人签收的送达方式。受送达人是公民的,本人不在则交由其同住成年家属签收;受送达人是法人或者其他组织的,应当由法人的法定代表人、其他组织的主要负责人或者该法人、组织负责收件的人签收;受送达人有诉讼代理人的,可以送交其代理人签收;受送达人已指定代收人的,送交代收人签收。受送达人的同住成年家属,法人或者其他组织负责收件的人,诉讼代理人或者代收人在送达回证上签收的日期为送达日期。直接送达是最基本的送达方式,一般只有在直接送达有困难时,才采取其他送达方式。另外,根据本条第二款规定,当事人提供送达地址的,可按该地址送达。

(二)留置送达,是指受送达人或者他的同住成年家属拒绝接收行政执法文书的,送达人可以邀请有关基层组织或者所在单位的代表到场,说明情况,在送达回证上记明拒收事由和日期,由送达人、见证人签名或者盖章,把行政执法文书留在受送达人的住所;也可以把行政执法文书留在受送达人的住所,并采用拍照、录像等方式记录送达过程,即视为送达。

(三)委托送达,是指直接送达行政执法文书确有困难时,可以采用委托送达方式。受送达人在送达回证上的签收日期为送达日期。

(四)邮寄送达,是指将需要送达的诉讼文书通过邮局并以挂号信寄给受送达人的送达方式。在受送达人住所距离较远、直接送达有困难的情况下,可以采取这种送达方式。邮寄送达的,以回执上注明的收件日期为送达日期。

(五)转交送达,是指将行政执法文书交受送达人所在部队或有关单位代收后转交给受送达人的送达方式。转交送达是在不便直接送达时的一种变通方法。代为转交的机关、单位收到行政执法文书后,必须立即交受送达人签收。受送达人在送达回证上签收的日期为送达日期。

(六)电子送达,当事人同意电子送达的,可以通过传真、电子邮件送达,以传真、电子邮件等到达受送达人特定系统的日期为送达日期。

(七)公告送达,是指受送达人下落不明或者用上述方式无法送达的情况下,通过报纸、门户网站等方式将行政执法文书公之于众,经过一定的时间,法律上即视为送达的送达方式。公告送达是为了解决用其他各种方式均无法送达而设置的送达方式。

行政处罚法第六十一条第一款规定:"行政处罚决定书应当在宣告后当场交付当事人;当事人不在场的,行政机关应当在七日内依照《中华人民共和国民事诉讼法》的有关规定,将行政处罚决定书送达当事人。"因此,行政处罚决定书应当在七日内送达当事人,并且必须有送达回证。

● 相关规定

《中华人民共和国行政处罚法》第六十一条。

第三十四条 城市管理执法主管部门应当通过门户网站、办事窗口等渠道或者场所,公开行政执法职责、权限、依据、监督方式等行政执法信息。

● 条文主旨

本条是关于公开权责清单等执法信息的规定。

● 条文解读

为推进行政权力公开透明运行,规范城市管理执法工作，确保执法公开、公平、公正，本办法规定城市管理执法主管部门应当公开行政执法职责、权限、依据、监督方式等行政执法信息。具体包括以下几个方面：

一、公开内容

（一）执法职责、权限：包括城管执法部门的具体执法职责、权限以及内设机构的职责分工和执法人员信息。

（二）执法依据：包括城管执法活动所依据的有关法律、法规、规章等文件。

（三）执法程序：包括城管执法的流程、期限及执法规范等。

（四）监督方式：包括投诉、举报，调阅执法案卷，对执法人员进行抽查考核等。

二、公开方式

城管执法主管部门应该采取灵活多样、方便群众的方式主动公开行政执法信息，并及时予以更新。

（一）办公场所公开。城管执法主管部门要在办事窗口，通过设置信息公开栏、电子信息屏、资料查阅索取点、咨询台等设施，公开法定的全部行政执法信息。

（二）网站媒体公开。城管执法主管部门应通过门户网站以及报刊、广播、电视等信息传播手段，向社会公开执法信息。同时，开通网上咨询、投诉监督功能，便于群众监督行政执法活动。

※ 适用指导 ※

本章规定了城管执法规范的问题，相关条款能否在实务中得以应用是制度设计的关键。结合相关的理论和实践，我们选取城管执法规范中如下五个热点问题进行重点分析，以期对各地的城管规范执法有所指导和帮助。

一、关于执法方式的问题

（一）存在的问题

1. 执法方式的规范性和文明性需要进一步提升。"全面推进严格规范公正文明执法"是《法治政府建设实施纲要（2021—2025年）》对行政执法建设的要求。城管执法事项庞杂，面对的情况往往比较复杂，受到关注的程度较高，更应当时刻重视执法的规范性、文明性，提升执法的法治化程度。但是在现实中，因城管执法不规范、不文明引发的争议仍时有发生。

2. 城管执法方式单一，过分依赖强制性手段。城管在执法过程中，对于很多违法情节较为轻微可以采取说服教育的方式来进行管理，但是现实中很多问题就是从小事发展起来的，究其原因就是执法方式和手段上出了问题，对于很多可以说服教育的情况采取了扣押、罚款等方式，激化了执法主体和相对人之间的矛盾。

（二）解决的路径

1. 转变城管执法理念，将依法行政与服务为民有机结合。城管执法是为了满足居住在城市的民众的生活需要。换言之，城管执法的最终目的是服务于市民。因此，城市秩序、市容市貌是市民意志的反映，是为了生活得方便舒适，从这个意义上讲，城管执法不应该是冰冷生硬的机械执法而应该是充满人性的执法。根据服务于民的执法目的，有必要对传统的管理、权力、统治等观念予以革新，确立新的城市管理执法理念，即将依法行政与服务为民有机结合。[①]

例如陕西西安市莲湖区人民政府在全国首次提出并推行城管"标准化执法"的创新思路和方法，不断探索创新体制机制，并寓执法于服务。为城管执法全部服务事项建立标准和规范，为群众提供全面、有效、标准的城市管理服务；开设城管执法服务大厅，设置陈述申辩窗口和听证室，保障当事人合法权利；科学选址设立便民服务区和服务点，在慈善协会设立城管专项救助基金，为市民群众特别是危困群众解决实际问题。莲湖区城管执法的做法，已经从单纯的执法走向了执法与服务并重的重大转变，探索并开创着城市综合管理新模式，不仅践行着政府在城市管

[①] 马怀德、王柱国：《城管执法的问题与挑战——北京市城市管理综合行政执法调研报告》，载《河南省政法管理干部学院学报》2007年第6期。

理领域的职能转变，而且在落实党的十八届三中全会决定提出的"理顺城管执法体制，提高执法与服务水平"的基础上，通过加强执法机构建设，又为进一步积极贯彻党的十八届四中全会决定提出的"理顺城管执法体制，加强城市管理综合执法机构建设，提高执法与服务水平"要求，开创了良好的新局面。

2. 创新城管执法手段，加强执法方式的多样化。《法治政府建设实施纲要（2021—2025年）》明确提出："创新行政执法方式。广泛运用说服教育、劝导示范、警示告诫、指导约谈等方式，努力做到宽严相济、法理相融，让执法既有力度又有温度。"因此，城管执法部门要改变过去单一的执法方式，改变"以罚代管"的局面，逐步向疏堵结合、强制性处罚与非强制性指导相结合的方向转变。城市管理尤其是城管执法不能没有强制手段，但也不能只靠强制手段，而应该综合运用各地近年来探索出的行之有效的执法方式。目前，要探索多元化的执法方式，特别是符合现代城市管理特点的柔性管理方式。比如行政指导、行政合同、行政奖励，以及劝告、建议、教育等方式，与违法者或是潜在的违法者进行沟通，对其加以引导和协助，进行换位思考，比单纯采取强制手段的执法效果更好。[①]

[①] 王敬波主编：《城市管理与行政执法——理论、实务、案例》，研究出版社2011年版。

从地方实践来看，2005年9月，北京市东城区城管大队将"谈判技巧"引入执法，缓解矛盾，避免冲突发生。他们率先在全市成立了第一个"谈判"小组，正式引进公安"谈判技巧"，应对执法中可能出现的各种突发的暴力抗法事件，变"刚性"为"柔性"执法，取得了预期的效果。[①] 另外自2010年9月以来，广州市城管部门在全市范围内开展了一次对流动商贩进行教育劝导的大行动，通过对乱摆卖商贩进行教育、劝导和制止，引导流动商贩到疏导区经营，杜绝在主干道、重点地区和亚运场馆周边乱摆卖。劝导式执法行动持续20天，在此期间，城管部门如果发现有流动商贩在乱摆卖、占道经营，并不会就此没收流动商贩的物品，而是采取教育和劝导的柔性执法。[②]

3. 加强行政指导。所谓行政指导，就是指国家行政机关在其所管辖的事务范围内，对于特定的人、企业、社会团体等，运用非强制性手段，获得相对人的同意或协助，指导相对人采取或不采取某种行为，以实现一定行政目的的行为。行政指导作为一种柔性的行政管理手段，它将平等、民主、协商、可选择性等现代行政民主的原则具体地渗透到现

[①] 马怀德、王柱国：《城管执法的问题与挑战——北京市城市管理综合行政执法调研报告》，载《河南省政法管理干部学院学报》2007年第6期。

[②] 亓欣欣：《广州城管柔性执法劝商贩　女子特勤大队首上街》，载《南方日报》2010年8月28日。

代行政管理的操作方式和程序中，使得"行政管理者"和"被管理者"之间由绝对转化为相对化，并走向平衡，体现了对行政相对人的尊重。现代行政执法手段不再是单一的而是趋于多样，行政执法人员在执法过程中应善于运用行政指导，在实现执法目的的同时，减少不必要的矛盾冲突。

例如，北京市城管执法局采用行政指导方式进行城市管理，将"在服务中实施管理，在管理中体现服务"的要求融入执法实践中，提出了执法事项提示制、轻微问题告诫制、突出问题约见制、管理责任建议制、重大案件回访制及典型案例披露制六项行政指导措施，将行政指导作为日常执法工作的重要补充。其中一种措施是强调罚款前的教育指导，在城管执法过程中，遇有新颁布的法律、法规、规章或者政策文件对当事人设定了与城管职责有关的义务时，或者城管执法机关在日常检查时发现新确定的市容环境卫生责任人时，城管执法机关应当在首次执法前对执法事项进行提示，或者以执法事项告知书形式向管理相对人宣传法规政策。比如，一些从事无照经营等违法行为的外来务工人员，可能并不清楚本市的一些相关规定，城管队员在第一次对管理相对人处理时，将予以宣传教育，告知对方违反了相关规定，而不处以罚款。同时，城管将对被发现的违法人员建立档案，如日后再发生类似情况，再予以处罚。另一种措施是对轻微违法行为以教育指导取代罚款，当管理相对人违法行为轻微并能及时纠正时，城管执法机关告诫其立即纠正违法行为，并告知其应明确知晓的行为规范和要求，而不再对其进行行政处罚。如以前要进行罚款的擅自吊挂晾挂物品、平台阳台堆放物品、随地吐痰等多种较轻微的违法行为。[1]

4. 推进城市管理数字化、精细化、智慧化。实施数字化城市管理是现代化城市发展的必然趋势。《中共中央 国务院关于深入推进城市执法体制改革 改进城市管理工作的指导意见》指出：到2017年年底，所有市、县都要整合形成数字化城市管理平台。基于城市公共信息平台，综合运用物联网、云计算、大数据等现代信息技术，整合人口、交通、能源、建设等公共设施信息和公共基础服务，拓展数字化城市管理平台功能。加快数字化城市管理向智慧化升级，实现感知、分析、服务、指挥、监察"五位一体"。整合城市管理相关电话服务平台，形成全国统一的12319城市管理服务热线，并实现与110报警电话等的对接。综合利用各类监测监控手段，强化视频监控、环境监测、交通运行、供水供气供电、防洪防涝、生命线保障等城市运行数据的综合采集和管理分析，形成综合性城市管理数据库，重点推进城市建筑物数据库建设。强化行政许可、行

---

[1] 王彬：《北京城管推六项柔性执法 摊贩初次无照经营免罚》，载《北京晨报》2007年5月28日。

政处罚、社会诚信等城市管理全要素数据的采集与整合，提升数据标准化程度，促进多部门公共数据资源互联互通和开放共享，建立用数据说话、用数据决策、用数据管理、用数据创新的新机制。

5. 提高执法人员的执法水平。城市管理工作领域广，内容多，执法方式多样，这些特点对执法人员的业务水平、知识结构、执法方式、应变能力提出了新的要求。在城市管理人员的准入机制方面，应该对城管执法人员进行专门的录用考试，严格标准，公平竞争，择优录取；在培训机制方面，应该根据城市管理不同领域的执法范围和特点有针对性地进行培训。由于城市管理执法范围涉及方方面面，培训的内容应尽量宽泛，除执法意识、法律知识等培训内容外，还需进行相关专业知识的培训。

二、关于执法程序的问题

（一）存在的问题

1. 城管执法程序标准化、规范化程度低。城管执法的范围广泛，执法事项繁多，不同的执法事项存在不同的属性，因此，执法手段、执法方式、执法标准都不一样。并且不同的执法人员对同一个违法行为的理解也会不同，这样经常会导致同样的违法行为出现不一样的处罚结果。

在实践中，一些城管执法人员在具体的执法过程中，尤其是影响公民权利和义务的具体行政行为时，很多情况下忽视执法程序的要求。实践中主要有以下几种违法形式：一是执法程序中的必要步骤欠缺。例如：城管执法人员在执法过程当中不亮明证件及表明身份；对于较轻的违法行为，当场处罚而不开《当场处罚决定书》，当场罚款而不开罚款收据或罚单，甚至使用自制的收据、罚单；不告知当事人享有申请听证的权利。此外，在城管执法当中，常常存在不经法律明确规定的调查取证程序便直接下达行政处罚决定书的现象。二是执法的形式不符合规定。例如法律规定应当书面告知相关事由的，而采取口头的形式；听证会举行不规范，没有达到听证会的目的等。三是时限违法。行政执法行为超出法定时限，例如扣押某一物品超过规定时限。

2. 公众参与程度低。虽然在城管执法过程中存在许多民意表达和公众参与途径，比如许多城市开通的城市管理服务热线。但是目前城市管理综合行政执法"公众参与"程度不高，存在以下问题：一是在我国城市管理行政执法中，公民参与大多是通过居民委员会、街道办事处来组织。居民委员会经费来源、机构设置等方面都受制于政府机构，难以完全从公众利益出发来组织开展参与政府管理，只是单纯为完成上级政府布置的任务，公民参与的积极性受到限制。二是公众参与的深度有限。目前公众参与城管执法工作，主要是通过对乱停放、乱摆卖、乱张贴以及道路污染等违法行为进行投诉举报，很少从深层次上参与到行政执法工作中，对城市治理提出意见和建议。三是在公众参与的过程中，对于公众提出的意见和建议，没有形成有效的反馈机制，使得公众参与的积极性大大降低。

（二）解决路径

1. 完善城管执法的程序制度。城管执法人员要树立和加强程序观念，按照合法、合理、程序正当等要求，建立和完善行政处罚等行政执法及其他行政管理中的公开、事先告知，回避和听证、说明理由等各项行政程序制度，将内部程序与外部程序有机结合，综合运用简易程序与一般程序。严格按照行政处罚法、行政强制法以及本办法规定的行政程序行使权力，履行职责，确保行政执法的规范化、法治化。

2. 完善参与制度。随着现代服务行政理念的不断加深，我们应不断创新，建立一种能够保证行政相对人参与权的人性化的参与制度。除了加强传统的听证制度、咨询制度之外，应加强与相对人的平等对话，形成稳定的制度。首先要完善公民参与行政执法的各项制度建设。将公民参与的目标、性质、内容、职能、权限、程序等逐步明确规范。其次要充分扩宽公民参与渠道，进行有益尝试。比如上海市城管部门曾公开征集利民便民措施建议，旨在解决广大市民最关心、最直接、最现实的民生问题。最后要加强公民教育，提高公民参与意识与公德水平。

另外，上海市城管与城管执法相对人"平等对话"，收到了较好的效果。在处理流动商贩占道经营的问题上，上海市城管部门曾邀请马路摊贩进行对话。这次会议除了虹口区的城管队及其辖区内的一些无证摊贩，参加会议的还有工商、药监、公安、环保、市容等职能部门的相关负责人。城管部门认真听取相对人的意见，了解他们的实际困难。城管部门还将收集的用工信息通报给相对人，教育和帮助他们告别无证经营，从事合法工作。通过这次会议，双方增强了沟通，拉近了距离，收到了良好的效果。可见，上海城管的成功之处就在于灵活适用了听证制度和陈述申辩制度，是对参与制度的一种更高程度的适用，值得借鉴。①

3. 加快政务公开，建立通畅的信息流通渠道。城管执法部门应当公开城市管理法律法规、公开办案程序、公开执法纪律、公开政务信息，建立公民与执法部门之间信息双向传递的流通渠道，使公民充分了解城管执法行政权力形成和运行过程以及城管执法人员执行权力的具体结果。同时，执法部门应通过媒体、网络、听证、电话、信件等形式收集公民意见，强调政府应给予公民必要的回应，让公民知道政府是否采纳了他们的意见，如没有采纳有什么

---

① 马怀德、王柱国：《城管执法的问题与挑战——北京市城市管理综合行政执法调研报告》，载《河南省政法管理干部学院学报》2007年第6期。

原因，采纳后的效果如何等，改变公民是政府信息被动的接受者现状。

三、关于执法裁量权膨胀、随意性较大的问题

城管在执法中拥有自由裁量权，但城管执法中的裁量权必须在法定执法权限范围内活动。一些城管执法中自由裁量权的行使范围过广，加上个别执法人员法治观念淡薄，程序意识薄弱，导致自由裁量行政行为任意无常，违反同一性和平等性的现象严重。例如在某些地方的城管执法实践当中，城管执法人员根据主观臆断或者个人喜好而作出处罚，甚至出现了城管执法者与行政相对人讨价还价的情形。这使得行政行为背离了法定目的和利益，引发各种执法腐败行为。

针对这一问题，西安市城市管理综合行政执法局于2021年出台了《行政处罚自由裁量权适用规则》，将其进行细化，分门别类确定统一的处罚依据和处罚幅度档次，对外予以公示。经过创新性的对自由裁量标准的细化，压缩了自由裁量权的"弹性空间"，做到了同一类案件执行同一处罚标准，保证了处罚的公正性，避免随意执法行为的发生。同时对自由裁量标准的细化，可以有效扼制和约束执法者因各种不正当因素带来的对自由裁量权行使的影响，在当前社会发展阶段做到自由裁量权行使标准及其规则上的相对统一，既使执法者有章可循和有规范约束，也能让社会公众有依据对执法者的执法行为进行监督。

四、关于调查取证的问题

调查取证是行政处罚决定程序中必经的、极其重要的法定程序。调查取证的目的在于获得可以证实案件事实的各种证据,是查清案件事实真相的一种必要手段。但是在城管执法的大多数领域中,都出现了取证困难的问题。比如在查处违法建设的过程中,不是由于相对人拒不配合造成取证困难,就是由于城管执法人员不具有规划人员的专业素质加上专业测量工具的缺乏导致调查取证所得的数据准确性低。

因此,城管执法部门在调查取证时,应该提高执法科技化程度,综合运用录音录像、拍照取证、旁人作证或者执法人员指认等方法。本办法第二十八条第二款规定,城市管理执法主管部门应当运用执法记录仪、视频监控等技术,实现执法活动全过程记录。

五、关于罚没物品的处置问题

在城管执法过程中,城管执法机关经常会获得各种各样的涉案财物,例如鲜活易腐食品、非法经营工具(例如三轮车、大型车辆等)、动物、交换价值不大的商品等。从行政法的角度分析,这几种涉案财物的来源主要分为四大类:第一类是采取行政强制措施所扣押的物品;第二类是基于行政处罚而罚没的物品;第三类是行政处罚过程中基于证据保全而先行登记保存的物品;第四类是城市管理过程中发现的遗弃物和无主物。目前，在城管执法实践中如何保管和处置这四类涉案财物，已经成为城管机关的现实难题。首先，行政处罚法、行政强制法分别规定了涉案财物原则上的处理办法，但是缺乏可操作性的规定，所以导致法律规定无法执行；其次，对行政强制类和先行登记类的涉案财物，因价值不大，当事人常常放弃领回财物，法律上又没有赋予城管执法机关以处置权，城管执法机关又难以有足够的仓库和经费来保存这些财物，因此在现实中存在一些相对定型却缺少法律依据的做法，主要处理手段包括变卖、拍卖、销毁、移送以及如赠送给社会福利机构等其他手段。

针对这些问题，应该建立涉案财物统一管理和处置制度。关于涉案物品的管理，可以按照法定来源对涉案财物进行分类，分为行政强制类、证据保存类和没收类。执法机关应该设立公物仓库，对执法涉案财物进行分类保存，公物仓库的设置和运行经费应由财政专门予以保障。对于公物仓库的管理，第一，加强对罚没财物的财务管理。必须做到专账、专人专管。第二，严格出入库的登记管理。严格交接、验收手续。第三，妥善保管，定期清检。第四，依据管理过程阶段性的自然划分，明确相关人员的责任：财物入库前，由执法人员负责；在库期间，由管理人员负责；出库后，由处理人员负责。只有权责明确，才能督促工作人员加强责任意识，严格依法办事，否则任何制度都有名无实、形同虚设。第五，还应该规定清仓、对账、结算制度。这样对涉案财物的管理制度才能形成一个环环相扣的链条，并有效运作起来。[1]

对先行登记的强制措施获得涉案财物，应通过立法明确规定：超过规定时间，执法机关有权将找不到当事人的查扣财物认定为无主财产，上缴财政。对罚没财物，建议首先把罚没物品分为自由流通物品和限制流通物品，其中限制流通物品又包括相对限制流通物品和绝对限制流通物品，即禁止流通物品。对自由流通物品一般要以拍卖加以处理，特殊情况下可以变卖；而对限制流通物品要做特殊处理。为防止没收物品占用公物仓库时间过长，增加保管经费，应规定执法机关应当在没收物品之日起两周内予以拍卖或进行其他特殊处理。[2]

---

[1] 王敬波主编：《城市管理与行政执法——理论、实务、案例》，研究出版社2011年版。

[2] 王敬波主编：《城市管理与行政执法——理论、实务、案例》，研究出版社2011年版。

第六章　协作与配合

※ **本章导读** ※

本章规定的主要内容是执法的协作与配合。所谓"协作与配合",既包括协调,也包括合作,二者相辅相成。因此,在协作配合的事项上,既包括统筹规划安排、明确责任范围、解决权限争议、统一考核监督等协调事项,也包括信息共享、技术支持、联合执法、互相学习等合作事项。在协作配合的范围上,既包括不同区域的城管执法部门之间的协作与配合,也包括城管执法部门与其他职能部门之间的协作与配合。协作与配合中权限的确定、信息共享及协调与衔接机制的建立则是本章的重中之重。

※ **条文理解** ※

第三十五条　城市管理执法主管部门应当与有关部门建立行政执法信息互通共享机制,及时通报行政执法信息和相关行政管理信息。

◐ 条文主旨

本条是关于城市管理执法主管部门与有关部门之间信息共享的规定。

◐ 条文解读

本条规定了城市管理执法主管部门的两项义务：建立信息互通共享机制、及时通报行政执法信息和相关行政管理信息。条文表述使用"应当"一词，即城市管理执法主管部门在机制是否建立、信息是否通报问题上没有裁量权。

本条前半句："城市管理执法主管部门应当与有关部门建立行政执法信息互通共享机制"，即各地应当以城市管理实践中所涉及的事项范围为标准建立信息互通共享机制，不能囿于部门界限，更不能认为信息互通仅仅存在于城市管理执法部门内部。城管执法问题之所以需要信息互通共享，正是因为其涉及面广、事项众多，不免涉及不同区域、不同部门，建立信息互通共享就是要求各地各部门打破"各自为政，互不通气"的现状，在相对集中的基础上，又相互配合，相互协作。

机制即由一定主体与一定制度相配合而组成的整体，所以，各地建立信息互通共享机制，其法律义务也主要体现为主体和制度两点。首先应当建立承担相应职责的机构。本办法第四条规定:"国务院住房城乡建设主管部门负责全国城市管理执法的指导监督协调工作。各省、自治区人民政府住房城乡建设主管部门负责本行政区域内城市管理执法的指导监督考核协调工作。城市、县人民政府城市管理执法主管部门负责本行政区域内的城市管理执法工作。"第五条规定:"城市管理执法主管部门应当推动建立城市管理协调机制,协调有关部门做好城市管理执法工作。"可见,上至国务院,下至县级人民政府,每一级政府都有建设协调机制的义务,而信息互通共享机制属于典型的协调机制。当然,鉴于本条互通共享的内容是"行政执法信息和相关行政管理信息"。考虑到省级以上政府一般不直接进行城管执法工作,因此本条主要义务主体指的是区、县级和设区的市级人民政府。建议在这两级人民政府内部,设立"城管执法工作协调小组"或"城管执法工作协调委员会"等机构,作为履行信息互通共享义务的主体,而各级城市管理执法主管部门内部也应当设立专门的信息互通机构,配备信息互通共享人员,专职负责信息互通共享工作。在机构之外,还应当建立和完善相应的信息互通共享制度,通过制度使机构的作用得以真正发挥。

在通报的内容上,法律明确规定为"行政执法信息和相关行政管理信息"。依法条逻辑和征求意见稿内容来看,

"行政执法信息"更加侧重于城市管理执法主管部门向其他部门通报,"相关行政管理信息"则更加侧重于其他部门向城市管理执法主管部门通报。

"行政执法信息"有两类比较典型。其一是行政处罚信息。之所以需要城市管理执法主管部门将行政处罚信息通报有关部门,主要是为了防止不同部门之间由于信息不通而出现重复处罚问题。行政处罚法第二十九条规定:"对当事人的同一个违法行为,不得给予两次以上罚款的行政处罚。"这一条确立了行政处罚领域的"一事不再罚"原则。虽然这一原则应当如何理解在学界存有争议,但目前得到公认的是:首先,对同一个违法行为,只能给予一次罚款的行政处罚,由一个行政机关进行罚款后,其他行政机关无论是什么理由,都只能作出其他类型的行政处罚,这一点是法条的字面含义,没有争议。其次,基于同一事实、同一理由,不得作出两次处罚。这里增加了同一理由的限定,即如果事实相同,理由也相同,则不同机关作出不同类型的行政处罚也是被禁止的,这一点也是学界和实务界的共识。这一规定主要是为了防止在行政执法实践中出现的多头执法、重复处罚问题,与相对集中处罚权在目的上有一定的一致性。随着城市管理执法主管部门相对集中了处罚权,重复处罚的情况显著减少,但既然是"相对集中",实践中就难免出现其他部门认为相对人的行为应当由自己进行处罚的情况。为了防止由于权限争议而引发的重复处罚行为，上述条款才要求城市管理执法主管部门对自己作出的行政处罚信息进行通报，从而防止其他部门违反行政处罚法，也最大限度地减轻相对人的负担。城市管理执法主管部门需要通报的第二类典型事项是需要有关部门对当事人的违法行为进行处理的信息。即城管执法人员在执法过程中发现了违法行为，但认为本部门没有权限进行处理，此时应当由城管执法主管部门向它认为有权处理的部门提出处理建议。这一规定主要是为了防止城管执法部门与其他部门之间互相推诿，因此要求城管执法主管部门即使认为某一事项不应当由自己负责，也必须向有权负责的机关通报，而不得视而不见，或者以没有权限为由纵容违法。

"相关行政管理信息"的典型内容同样是两项：其一是涉及城市管理执法事项的行政许可。即其他部门接受相对人的行政许可申请后，无论认为该项事项的许可权归不归自己所有，只要该事项涉及城管执法范围，都应当向城市管理执法主管部门通报。通报的目的有三：首先，防止出现许可权争议。相对集中许可权后，城市管理执法主管部门可能认为某事项的许可权在本部门而非其他部门，而其他部门的认定则恰好相反，因此出现互不认同对方许可的情况，给相对人带来不必要的负担。其次，进行联合办理，便利相对人。行政许可法第二十六条第二款规定："行政许可依法由地方人民政府两个以上部门分别实施的，本级人民政府可以确定一个部门受理行政许可申请并转告有关部门分别提出意见后统一办理，或者组织有关部门联合办理、集中办理。"其他部门认为自己和城管执法主管部门需要分别实施许可，则可以通过通报进行统一办理，便利相对人。最后，如果其他部门认为某事项的许可权不属于本部门而属于城市管理执法主管部门，通报的意义则在于防止自身越权。其二是在行政管理过程中发现的需要城市管理执法主管部门处罚的违法行为。此项与前述城市管理执法主管部门的义务同理，都是为了防止执法过程中的相互推诿。其他部门发现了违法行为，但认为不应当由自己负责处理而应当由城市管理执法主管部门处理的，必须通报给城管执法部门，不得视而不见或以没有权限为由进行纵容。

可见，本条的主要目的在于，以信息通报共享制度解决城市管理执法主管部门与其他部门之间的权限争议，尤其是在行政处罚和行政许可两类多发事项上的争议。无论是互相争抢权力，还是互相推脱责任都是不允许的。无论是城市管理执法主管部门，还是其他部门，都应尽量避免不与相关方沟通而只根据自己理解进行执法，防止给相对人利益带来损害。

相关规定

《中华人民共和国行政处罚法》第二十九条,《中华人民共和国行政许可法》第二十六条。

第三十六条 城市管理执法主管部门可以对城市管理执法事项实行网格化管理。

条文主旨

本条是关于城市管理执法网格化管理的规定。

条文解读

网格化管理是依托数字化的平台,将城市管理辖区按照一定的标准划分为单元网格,通过加强对单元网格的巡查,建立一种监督和处置互相分离的形式。《中共中央关于全面深化改革若干重大问题的决定》提出,要改进社会治理方式,创新社会治理体制,以网格化管理、社会化服务为方向,健全基层综合服务管理平台。

城市网格化管理是一种创新。第一,它将过去被动应对问题的管理模式转变为主动发现问题和解决问题;第二,它是管理手段数字化,这主要体现在管理对象、过程和评价的数字化上,保证管理的敏捷、精确和高效;第三,它是科学封闭的管理机制，不仅具有一整套规范统一的管理标准和流程，而且发现、立案、派遣、结案四个步骤形成一个闭环，从而提升管理的能力和水平。正是因为这些功能，可以将过去传统、被动、定性和分散的管理，转变为今天现代、主动、定量和系统的管理。简单地讲，城市网格化管理是运用数字化、信息化手段，以街道、社区、网格为区域范围，以事件为管理内容，以处置单位为责任人，通过城市网格化管理信息平台，实现市区联动、资源共享的一种城市管理新模式。[①]

　　本条规定属于任意性规范，不是强制性义务。规范的对象主要为市、县城市管理执法主管部门。前文已述，市、县城市管理执法主管部门主要负责实际执法工作，而网格化管理作为一种新型的管理方式，最大的作用也是对基层进行精细化管理，二者在管理区域上重叠。同时，网格化管理的主要特点在于通过数字化手段，实现对管理区域的实时动态监控和管理，这与城市管理执法的要求不谋而合。况且，城市管理执法本身也是城市管理的重点一环。因此，将城市管理执法事项纳入网格化管理是顺理成章的。

　　《中共中央 国务院关于深入推进城市执法体制改革

---

　　① 《网格化管理：城乡管理模式的革命与创新》，载中国新闻网，http://www.sx.chinanews.com/news/2010/1227/30490.html，最后访问时间：2016年11月3日。

改进城市管理工作的指导意见》指出:"坚持协调创新。加强政策措施的配套衔接,强化部门联动配合,有序推进相关工作。以网格化管理、社会化服务为方向,以智慧城市建设为契机,充分发挥现代信息技术的优势,加快形成与经济社会发展相匹配的城市管理能力。"将城市管理执法事项纳入网格化管理后,一方面,应当根据每一网格单位的实际情况,合理分配城管执法人员和城管执法物资;另一方面,城市管理主管部门应当依靠网格化管理平台,精细监控辖区内发生的事件,增强快速反应能力。

● 相关规定

《中共中央 国务院关于深入推进城市执法体制改革改进城市管理工作的指导意见》。

第三十七条 城市管理执法主管部门在执法活动中发现依法应当由其他部门查处的违法行为,应当及时告知或者移送有关部门。

● 条文主旨

本条是关于案件协调与衔接的规定。

● 条文解读

城市管理执法主管部门虽然相对集中了部分权力,但不应当也不可能囊括所有的行政管理事项，在实际执法过程中，切忌大包大揽，滥用职权。《中共中央 国务院关于深入推进城市执法体制改革 改进城市管理工作的指导意见》指出，城市管理执法主管部门重点应当在"与群众生产生活密切相关、执法频率高、多头执法扰民问题突出、专业技术要求适宜、与城市管理密切相关且需要集中行使行政处罚权的领域推行综合执法。"同时规定："各地要按照转变政府职能、规范行政权力运行的要求，全面清理调整现有城市管理和综合执法职责，优化权力运行流程。依法建立城市管理和综合执法部门的权力和责任清单，向社会公开职能职责、执法依据、处罚标准、运行流程、监督途径和问责机制。"

所谓"依法应当由其他部门查处的违法行为"中的"其他部门"，既包括城管执法部门外的其他行政机关，也包括司法机关，即该违法行为既可以是行政违法行为，也可以是涉嫌犯罪的行为。因此，本条既包括"行行衔接"问题，也包括"行刑衔接"问题，下面分别阐述。

在"行行衔接"问题上，主要包括两种情况：一是不属于城市管理执法范围的事项，比如应当由市场监督部门、税务部门、自然资源部门等其他行政部门处理的事项。行政处罚法第十七条规定："行政处罚由具有行政处罚权的行政机关在法定职权范围内实施。"即除应当有处罚权外，行政处罚必须在法定职权范围内实施。行政许可、行政强制等事项有同样的要求。城市管理执法部门在执法过程中若发现违法行为超出自身权限范围，或自己无权进行处理，则必须及时移送或通报有关部门。二是属于城管执法范围的事项，但不属于本部门管辖。同样以行政处罚法为例，行政处罚法第二十三条规定："行政处罚由县级以上地方人民政府具有行政处罚权的行政机关管辖。法律、行政法规另有规定的，从其规定。"实践中，城市管理执法一般也遵循属地原则，故各城管执法部门职能对自己所辖区域范围内的事项进行管辖，若发现违法行为发生在自己所辖区域之外，则应当及时通报给其他地区的城市管理执法部门。

对于"行行衔接"的情况与本办法第三十五条信息互通共享条款的关系问题，两者并行不悖。第三十五条规定的信息互通共享，主要针对城市管理主管部门与其他部门之间出现权限争议。通过信息互通共享制度，使双方发现权限划分上的问题，通过协商或本级政府的决定从而划清各自权限，防止争抢权力或互相推诿的情况；本条规定的"告知或移送"义务则适用于城市管理执法主管部门确定违法行为不属于自己权限范围内的情况，即至少在城市管理执法主管部门看来，该违法行为的权限没有争议。当然，若城市管理执法主管部门进行了告知或移送后，被告知或移交的部门认为告知或移送错误，此时已经出现权限争议，则应当由双方协商解决，或由本级人民政府作出决定。

在"行刑衔接"问题上，主要针对的是城市管理执法实践中可能会出现的以罚代刑问题。相对人的行为已经涉嫌犯罪，但行政机关仍然以行政处罚的方式"大事化小"，使得案件没有进入公安机关或检察机关的审查程序，行为人因此得以逃脱刑罚处罚。出现这种情况，一方面是由于部分行政处罚天然地与刑罚处罚有联系，在很多事项上，两者的区别只是行为在程度上轻重不同而已，是很难界定和拿捏的；另一方面也是由于个别城市管理执法人员有懈怠、怕麻烦乃至获取不正当利益的考虑在其中。无论如何，这一情况都应当尽力避免。本条强调的正是城管执法人员必须移交，不得视而不见、不得隐瞒懈怠、不得大事化小的强制性义务。

这一义务在我国的行政处罚法上也有明确的规定。行政处罚法第八条第二款规定："违法行为构成犯罪，应当依法追究刑事责任，不得以行政处罚代替刑事处罚。"第二十七条规定，违法行为涉嫌犯罪的，行政机关应当及时将案件移送司法机关，依法追究刑事责任。2013年11月党的十八届三中全会通过的《中共中央关于全面深化改革若干重大问题的决定》中将"完善行政执法与刑事司法衔接机制"作为全面深化改革的战略部署之一，2014年10月党的十八届四中全会通过的《中共中央关于全面推进依法治国若干重大问题的决定》中提出："健全行政执法和刑事司法衔接机制，完善案件移送标准和程序，建立行政执法机关、公安机关、检察机关、审判机关信息共享、案情通报、案件移送制度，坚决克服有案不移、有案难移、以罚代刑现象，实现行政处罚和刑事处罚无缝衔接。"2021年8月，中共中央、国务院印发的《法治政府建设实施纲要（2021—2025年）》强调要"完善行政执法与刑事司法衔接机制"。可见，行刑衔接问题是关系到依法行政、建设法治政府的重大问题，是行政机关是否滥用职权的一个评价标准，在实践中应当引起足够的重视。

关于行刑衔接的移交情形、移交步骤、移交材料、移交期限、后续处理等具体问题，国务院于2020年修订了《行政执法机关移送涉嫌犯罪案件的规定》，而《最高人民检察院关于推进行政执法与刑事司法衔接工作的规定》又在前一文件的基础上作出了更进一步的规定，各地各级城市管理执法部门应当遵照执行，并可以在上述规定范围内，与当地的公安机关、检察机关进行进一步的协商细化。

最后，需要注意的是，这里城市管理执法主管部门的"告知或移送"义务是强制性的，但到底是"告知"还是"移送"要根据情况而定。"告知"一般适用于违法行为危害性较小，事态平缓，城管执法部门有比较充足的时间进行传达的情况。"移送"则多适用于两种情况：其一是事态紧急，危害性大，城市管理执法部门无暇通知的情况下先行处理，控制事态，再向其他部门移送案件；其二是城市管理执法部门已经做出了一定的先行行为，如对物品进行了扣押之后，发现违法行为不应当由自己进行处理，而决定将案件移送给有权的部门进行处理。

◐ 相关规定

《中共中央 国务院关于深入推进城市执法体制改革改进城市管理工作的指导意见》，《中华人民共和国行政处罚法》第八条、第十七条、第二十三条、第二十七条，《行政执法机关移送涉嫌犯罪案件的规定》，《最高人民检察院关于推进行政执法与刑事司法衔接工作的规定》。

※ 适用指导 ※

本部分将主要探讨城市管理执法过程中与协作、配合相关的问题及解决思路，以期为各地各级城市管理执法部门实施以上规则提供帮助。

一、协调机构职能转变问题

这是协调机制在实践中存在的最为突出的问题之一。

传统意义上，行政机关的内部协调机构发挥的多是信息交流，互相协商的作用，也即"协调"功能。但城市管理执法的协调机构则不然，因为这个机构在"协调"之外，还必须承担"领导"功能，且领导在协调之前。换句话说，城市管理执法的领导协调机构不能只是一个附属性的、没有实际权力的机构。但在实践中，大多数领导协调机构都没有充分发挥其领导功能，各个部门之间的协调配合都多依靠部门自觉和商量，这是远远不够的。

在这一问题上，北京市的部分经验是值得借鉴的。2016年6月，《中共北京市委、北京市人民政府关于全面深化改革提升城市规划建设管理水平的意见》出台，其中指出，为健全城市管理统筹协调机制，将首都城市环境建设委员会调整为首都城市环境建设管理委员会，增强城市管理工作的综合性、整体性和协调性，整合城市管理职责，充实领导力量，健全工作机制，搭建集重大决策、统筹协调、监督考核于一体的强有力的工作平台。在此基础上，各区结合自身实际，在完善高位统筹协调机制并发挥其效用上，纷纷展开有效探索，创建了各具特色的模式。如东城区由区长担任领导小组组长，公安局局长担任常务副组长，同时，通过协调机制设计来明确领导小组、领导小组办公室及各成员单位的工作职责、工作要求；石景山区成立了以区长为主任的区社会治理综合执法委员会，搭建高位指挥、高位组织、高位协调的平台，统一组织全区重大执法行动，协调解决执法中的重大问题，并对街道进行考核；西城区成立了城市秩序管理领导小组及办公室，统一将全区城市秩序管理工作划分为综合协调、联合执法、督查考核三大部分。其在实际运行中强调区级统筹协调，对全局性、跨地域部门的重大事项进行管理和协调。在高位统筹上充分发挥了协调、监督等多种效用。[①]

从以上经验可以看出，"协作与配合"不仅需要一个"协调"机构，更需要一个"领导"机构。充分发挥"协作与配合"功能，需要以"领导"功能为保障。对此建议从人员和制度两个方面着手。在人员组成上，应当实行"高位"领导制度，直接以本级政府主管领导为组长或主任，成员包括辖区内各城管执法主管部门正职领导，与城管执法工作相关的有关部门正职领导等，通过"高位"实现统筹规划，快速决策，令行禁止。在此基础上，可以考虑设立专职领导专门负责领导协调工作，实践中，部分地方的领导协调机构由于没有专职领导，也就缺少组织应该具备的权威和执行能力，这使得开展综合协调工作具有局限性，也无法履行领导和监督职能。通过"高位"的人员配置，使领导协调机构真正成为一个"有资格领导"的机构。

[①] 以上经验出自王敬波：《关于深入推进城管执法体制改革，改进首都城市管理工作的调研报告》。

在此之外,应当建立健全与"协作与配合"职能相匹配的制度。主要包括:第一,信息共享制度。信息共享是进行领导和协调的前提。《中共中央 国务院关于深入推进城市执法体制改革 改进城市管理工作的指导意见》中明确指出:"积极推进城市管理数字化、精细化、智慧化,到 2017 年年底,所有市、县都要整合形成数字化城市管理平台……强化行政许可、行政处罚、社会诚信等城市管理全要素数据的采集与整合,提升数据标准化程度,促进多部门公共数据资源互联互通和开放共享,建立用数据说话、用数据决策、用数据管理、用数据创新的新机制。"在实践中,各区域的城市管理执法主管部门应当主动公开自己获得的数据,通过对互联网、云计算、大数据技术的应用,实现城市管理信息的一体化,各部门工作人员应当时刻关注其他部门的相关信息,部门与部门之间应当实现信息互通,避免出现执法疏漏、执法重复或者执法矛盾等情况。第二,联席会议制度。利用领导协调机制的平台,各个部门之间应当定期召开联席会议,通报一段时间内城市管理工作的情况,指出本部门需要其他部门进行配合协调的工作,向其他部门反映本部门执法过程中发现的与其他部门相关的问题,根据城市发展规划、城市现实情况等商讨下一阶段城市管理工作中协调配合上的重点难点。使各个部门在城市管理上实现方向统一、重点统一,从而实现城市管理上的合力。第三，指挥调度制度。利用领导协调机构的高位性，借助于信息管理与共享平台，根据市政监控系统反馈的问题，及时对执法队伍进行指挥调度，协同有关部门进行配合，从而尽快解决城市管理过程中出现的突发性问题。同时，要根据不同区域不同情况，合理分配执法力量，关注问题多发区域及重点难点领域的集中问题，通过执法力量分配防患未然。避免城市管理执法过程中资源浪费、人浮于事、盲目行动、应急处置能力欠佳等问题。第四，争议解决制度。利用领导管理机构的高位性和统筹性，建立专门的权责争议快速解决制度。对于实践中遇到的不同区域城管执法部门权责争议，或城管执法部门与其他部门之间发生的权责争议等，直接由相关部门的主管领导进行协商，在法律规定范围内划定各自的管理权责，对下属执法部门的执法权限和范围进行精确化安排。避免部门之间因对法律理解不同或因利益取舍因素而出现的相互观望、相互推诿或者相互争抢职权的情况，以最快速度确定权责，督促应当承担义务的部门履行职责。第五，联合执法制度。对于城市管理中的综合性强、意义重大的事项，定期进行联合执法。借助领导协调机构在沟通交流、协调配合上的便利性，对联合执法工作进行统筹安排，从而实现联合执法工作的常态化、便利化、科学化；利用领导协调机制的监督指导属性，实现对联合执法工作的实时监控，从而实现联合执法工作的规范化、清晰化、配合化。使"协作与配合"真正体现在执法过程中，而不仅仅停留在理论上，表面上，口头上。

二、城市管理执法部门与其他部门的关系处理问题

城市管理执法部门与其他部门的关系，既包括双方各自在自己的职权范围内行动，又包括双方互相配合，互相提供信息，互相进行技术支持等。在这个问题上，实践中存在一些问题。主要包括以下几点：一是互相推诿。随着城市管理执法部门相对集中处罚权的推进，城市管理执法部门与其他部门之间的权限划分成为重中之重。但实践中，往往其他部门会将执法难度大、见效慢、"收益低"的事项转移给城市管理执法部门，而城市管理执法部门也倾向于排除一些"出力不讨好"的边缘事项。因此往往在执法过程中形成"灰暗地带"，对一些事项部门之间相互推脱，陷入无人管理的境地。二是相互争夺。对于某些事项，城市管理执法部门和其他部门都希望拥有一定的执法权，因此往往根据各自对法律法规的理解制定内部文件，规定相应的资格资质、审批流程等。相对人在一个部门办理完手续后，另一部门不承认，要求相对人继续办理自己认同的手续，给相对人增加了负担，而且损害了政府的权威性。三是缺乏协助。尤其体现在"行行衔接"或"行刑衔接"上，某一行政机关在发现违法行为后，判断该行为不属于自己职权范围则采取避免麻烦，视而不见的处理方式，更有甚者以大事化小、有案不移作为利益交换条件为个人谋取利益。四是缺乏交流。随着城市管理执法主管部门队伍的不断壮大和职能的不断扩大，数据资源缺乏、信息难以共享等问题逐渐成为制约城管现代化建设的重要因素。近年来，随着网络技术的发展，信息公开成为必备制度。但目前，许多政府部门的信息共享平台需进一步完善，各执法单位的信息平台有待进一步整合；不同执法单位之间信息共享未形成常态化、规范化的机制；同时，没有相应的督促机制促进部门之间信息共享，各执法单位并未形成自觉进行信息共享的意识。部门与部门之间信息交流不畅，各自为政，互不配合，体现在执法上即重复执法，多头执法，给普通市民的生产生活带来了不便，也对执法资源造成了浪费。

面对这种情况。各政府部门应当通过制度建设着力进行改善，可尝试建立以下制度：

首先，建立更加详细的权力清单制度。城市管理执法主管部门由于执法事项众多，往往易出现权责不清的问题，因而应当带头建立权力清单。权力清单要注意贴近执法实际，尽量少使用难以界定的、容易产生争议的修饰语，力求将权力界限明确。在此基础上，城市管理执法主管部门应当将该清单与其他部门进行交流，听取其他部门的意见，提前考虑可能产生争议的地方，争取将争议解决在内部，在和其他部门达成一致后，权力清单应当公开，让民众知晓。

其次，完善政府信息公开制度。目前，大多数行政机关都实行了政府信息公开制度，但实施效果有好有坏。部分行政机关的信息公开不及时、不全面，信息陈旧、关键信息不公开，分类不科学、不合理，信息公开平台操作困难，信息难以查找等问题非常突出。在行政机关内部，更是没有建立顺畅的部门与部门之间的信息公开与交流制度。城市管理执法部门作为与相对人打交道较多的部门，信息公开工作尤其要做好。各级各地城管执法部门应当安排专业技术人员专门负责信息公开事项，专职负责信息的更新，网站的维护，不断降低信息的查询难度。同时要借助领导协调机构，建立部门与部门之间常态化的信息交流机制，密切关注其他部门的执法信息，主动寻求与其他部门的配合，避免给相对人造成过重的负担。在此基础上，领导协调机构还应当承担起监督的职责，监督各个部门的信息公开情况，将信息公开的全面性、完整性、便捷性纳入政绩考核范畴。

再次，加强对城市管理执法人员的培训。通过培训，使城市管理执法人员能够清晰地明确自身的职权，面对突发的、各种各样的现实情况，要能够准确地判断哪些行为属于本部门职权范围内、哪些不应由本部门处理，从而做到在执法实践中不越权、不疏漏,合法合理地处理问题。

最后,特别针对执法协作设置相应的监督机制和奖惩机制。开辟专门的监督举报渠道,主要负责监督"有案不移"的问题。行政机关其他部门或司法部门在办理案件时,若发现之前存在"有案不移"的问题,则应当及时向相关部门反映。领导小组定期检查各单位协同执法的执行情况,对积极配合协同执法的单位应予以表扬,对不配合协同执法的单位在考核中予以惩处。对于涉嫌违法犯罪的行为,城市管理执法人员因为故意或重大过失而不移送给司法机关的,应当依法追究其责任。

※ 案例评析 ※

【案例一】应当通过加强地区间沟通协调破解执法难题

〔基本案情〕

某市某地位于甲区与乙区交界处,由于两区的城管队员巡查时间不同,许多卖早点的摊贩利用这时间差在该处占道设摊,一旦遇到执法队员就跨区躲避。对此,甲区中队曾多次开展集中整治行动,但效果并不理想,乱设摊"回潮"现象严重,更一度收到多起居民投诉。后来,根据这些摊贩经营早点的时间和特点,甲区城管中队研究制定了长效整治计划,组织执法队员协同综治办安保人员每天早晨轮流"蹲点",在摊贩出摊之前就进行固守。两周过去了,摊贩们看到了中队整治早点摊的坚定决心,终于不再出现在这条路上,整治取得了明显成效。

〔专家评析〕

像甲区城管执法局遇到的这种情况,在实践中是非常有代表性的。摊贩利用"两区交界"的特殊地理位置,通过不断来回变化摆摊地点,规避城管执法人员的执法,从案例中可以看出,城管执法人员碍于管辖权限制,面对这种情况常会束手无策。

但是我们从这个案例中还应该看到一点,即造成这种情况的原因除了特殊的地理位置,还有就是不同区域的两个区的城管执法队伍"巡查时间不同"。换句话说,一旦两个区域的城市管理执法人员同时巡查,无证经营的商贩将"避无可避"。而这种"同时",是要靠两个区域的城管执法部门之间的协调和配合的。但是我们非常遗憾地看到,两个地区的城管执法部门并没有采取协调时间、联合巡查的方式,而是采取了由其中一个区的执法队员"协同综治办安保人员每天早晨轮流'蹲点',在摊贩出摊之前就进行固守"的方式来应对这一问题。我们不得不承认,这种方式确实有一定的效果,但是我们也要看到这种方式的成本巨大:首先,甲区城管执法部门协同了综治办安保人员,换句话说极大地调动了原本不需要调动的人员,人力耗费巨大。其次,他们采取的方式是在早点摊贩出摊之前就去蹲点,执法的难度可想而知。再次,这项行动持续时间长达两周,换句话说,城管执法人员和综治办安保人员在长达两周的时间里,每天巡查的时间比早点摊贩还要早,这是一种怎样的成本!最后,这项行动的结果是"摊贩们看到了中队整治早点摊的坚定决心"于是知难而退,换句话说,城管执法部门自己也心知肚明,这种执法方式根本无法持久。宁可采取这样损耗巨大的方式,也没有采取和另外一个区域的城市管理执法部门协商的方式,可见实践中城市管理执法主管部门的部门配合与协调是多么生疏,执法协作意识和执法协作机制又多么需要加强与完善。

【案例二】执法部门间应加强协调以维护政府公信力

〔基本案情〕

2005年某日,某市城管行政执法局直属分局执法人员对甲公司在乙市场门前两侧设立大型户外单立柱广告一案进行了调查。经查,该单位在设立此立柱广告行为时,只征得了区城管局的同意,并取得了区城管局许可的"牌匾准设证",而没有取得市级城管部门的审批许可。依据该市城市市容环境卫生管理执法依据的有关规定,该单位取得的区级许可的"牌匾准设证"无效。为此直属分局对该单位下达了行政处罚决定,罚款5000元,并实施强制拆除。但当事人始终不服,他们认为:虽然自己没取得市级审批部门的许可,但是已经取得了区级审批部门的许可,区级审批部门也是代表一级政府履行职责,他们是否有权审批,自己并不知道,但审批部门应该知道,造成违章后果和损失不能全部由自己承担。

〔专家评析〕

阅读这一案例,相信无论是否学习过法律知识,我们都能直观地感受到这一案例中市城管行政执法局所为之处罚的不合理。从一个正常人的感觉来说,正如被处罚者所言,自己知道设立广告要取得许可,已经有要遵守法律法规的意图,在区城管执法部门办理了相关许可之后,相对人当然认为自己的行为已经合法。不能苛求相对人去了解地方政府规章的具体规定,更不能苛求相对人去判断自己拿到的许可是不是在权限范围内做出的。做到这样仍然要被处罚,难怪相对人不服了。

从法律角度而言,此案的处罚也是有问题的。相对人的违法行为事实清楚,市城管行政执法局的人员适用法律也完全正确,处罚程序相信也是正当的,只从这个角度而言,此次的行政处罚行为并无问题。但是,区城管局作为一级政府的行政部门,做出了行政许可行为,使相对人具有了受法律保护的信赖利益。我国的行政许可法第八条第一款规定:"公民、法人或者其他组织依法取得的行政许可受法律保护,行政机关不得擅自改变已经生效的行政许可。"当然，我们可以认为，本案中的区城管执法局没有权限，此行政许可是不合法的。但在行政法上，不合法的行政许可并不当然是"无效"的，况且行政行为是有效还是无效，也不是上级行政机关可以单方认定的。即使本案的行政许可因为区城管执法局没有权限被认定为自始无效，由于申请许可的过程中相对人并没有过错，也应当由区城管执法局承担相对人的信赖利益损失。无论如何，若由相对人承担全部损失都显得过于不合理了。

我们从这个案例中更应当看到的是上下级城市管理执法部门之间的协调问题。下级城市管理执法部门超越职权办理行政许可，上级城市管理执法主管部门竟然并不知晓，导致一批自认为遵纪守法的公民、法人被认定为"违法"。这种事后突如其来的"违法"对政府公信力造成的打击无疑是巨大的。而这种后果，归根结底是上下级城管执法主管部门之间的权限划分不清，或者说是上级城市管理执法主管部门的监督职责、协调职责没有尽到位的结果，需要各级城市管理执法主管部门引以为戒。

第七章 执法监督

※ **本章导读** ※

执法监督是保护公民、法人和其他组织的合法权益，监督行政机关依法行使职权，促进本办法各项规定得以有效实施的重要环节。从内容上看，本章条款较为清晰简明，共计三条，即第三十八条、第三十九条和第四十条，分别规定了城管执法的投诉举报、责任追究、违法着装的责任。

※ **条文理解** ※

第三十八条 城市管理执法主管部门应当向社会公布投诉、举报电话及其他监督方式。

城市管理执法主管部门应当为投诉人、举报人保密。

条文主旨

本条是关于城管执法的投诉举报的规定。

条文解读

本条规定了城管执法的投诉举报,第一款规定了城管执法部门对投诉举报等方式的信息公开义务,第二款规定了城管执法部门对投诉举报的保密义务。

城管执法的投诉举报制度,是指公民、法人或者其他组织认为城管执法行为存在违法违纪等情形的,有权依照宪法和法律的规定,通过投诉和举报等方式向城管执法部门反映,受理投诉举报的部门应当对投诉人、举报人保密。

所谓投诉,一般是指城管行政执法直接针对的行政相对人,认为城管执法行为侵害到自己的合法权益,通过电话、书面等方式直接向城管执法部门投诉反映权益受到侵害的事实。所谓举报,一般是指行政相对人以外的其他公民、法人或者组织,认为城管行政执法行为违法或不当,侵害到国家、社会公共利益或者自身合法权益,通过电话、书面等方式向城管执法部门提出对其进行监督的方式。

投诉、举报的对象,系针对城管执法部门违法和违纪的行为。违反法律法规规章的,都可以认为属于"违法"行为,比如城管执法人员存在越权、滥作为、不作为、不适当等情形。违纪一般是指违反党纪政纪的行为，比如城管执法部门或人员存在执法粗暴、态度蛮横、吃、喝、拿、卡、要等情形。

对于投诉举报的方式，应当及时向社会公布，这是保障实现投诉举报监督作用的重要一环。具体的公布方式可以采取多种形式，比如通过门户网站、新闻报纸、微信微博、公示栏展示等，将投诉举报的电话、信箱、邮箱、传真等联系方式予以公布，接受社会监督。特别指出的是，有条件的地区可以设立专门的投诉举报热线电话，制定专门的实施细则，可以将专机号码与热线接线员手机绑定，确定由专人负责，实行全天 24 小时受理工作制。

城管执法部门对受理的投诉、举报信息负有保密义务。凡是涉及可能使第三人知悉投诉、举报人的信息均应当严格保密，比如投诉、举报人的个人住址、联系方式、工作单位、家庭信息等。对于投诉举报的内容，应当由专人负责拆阅、负责审查，不得将投诉举报材料泄露给被投诉举报人及其他与案件无关的单位和个人。对泄露投诉举报人信息，情节严重或造成严重后果的，应当依法依纪追究其责任，涉嫌犯罪的，应当移送相关司法机关处理。

◐ 相关规定

《中华人民共和国宪法》第四十一条。

第三十九条 城市管理执法主管部门违反本办法规定,有下列行为之一的,由上级城市管理执法主管部门或者有关部门责令改正,通报批评;情节严重的,对直接负责的主管人员和其他直接责任人员依法给予处分。

(一)没有法定依据实施行政处罚的;

(二)违反法定程序实施行政处罚的;

(三)以罚款、没收违法所得作为经费来源的;

(四)使用、截留、损毁或者擅自处置查封、扣押物品的;

(五)其他违反法律法规和本办法规定的。

● **条文主旨**

本条是关于城管执法责任追究的规定。

● **条文解读**

本条规定了城市管理所涉违法行为的责任追究制度。城市管理行政执法过程中执法部门或人员可能会存在违法行为,对于已经发生的违法行为应加强执法监督,健全责任追究机制,这有利于促进城管执法过程的合法化和规范化。本条规定的违法行为分为五种情形:

一是没有法定依据实施行政处罚的。职权法定是行政机关依法行政的最基本要求。本办法第八条明确了城市管理执法行政处罚权的范围，包括城建、环保、工商、交通、水务、食药监方面与城市管理相关的行政处罚权。除本办法外，在法定依据方面，最重要的就是行政处罚法，其第十七条规定行政处罚由具有行政处罚权的行政机关在法定职权范围内实施。这里需要指出的是，不同部门的城市管理执法行政处罚权相对集中后，原有部门不能再行使该项职权，若仍然行使已被调整出的行政处罚权，所作出的行政处罚决定应认定为没有法定依据。为此，在本办法的实施过程中各地应逐步建立和完善城市管理执法处罚权移交的衔接和协作机制，实现城管执法职权的法定化和规范化。

二是违反法定程序实施行政处罚的。城市管理执法主管部门应当依照法定程序开展执法活动，本办法第二十五条对此作出了明确要求。对于法定程序，行政处罚法区分了简易程序和一般程序，简易程序适用于案情较为简单可以当场作出处罚的情形，一般程序适用于案情较为复杂需要深入调查取证的情形，对于责令停产停业、吊销许可证或者执照、较大数额罚款等处罚决定还可能需要有听证程序。无论是简易程序还是一般程序，均应当告知当事人作出行政处罚决定的事实、理由、保障当事人依法享有的陈述、申辩、听证等权利。违反法定程序最直接的法律后果就是被诉至人民法院之后很有可能被认定为属于应予以撤销的行政行为。

三是以罚款、没收违法所得作为经费来源的。对于罚款、没收违法所得，任何行政机关或者个人不得以任何形式截留、私分或者变相私分。根据行政事业性收费和罚没收入"收支两条线"相关的管理规定，城管执法机关也应遵守"收支两条线"的管理规定，不得违反罚款收缴分离的基本原则。本办法第三十条第二款也规定，罚款、没收违法所得的款项，应当按照规定全额上缴。就过去而言，某些地方城管执法部门经费来源没有保障，可能会存在经费不足时以罚没收入作为经费来源的情况，但是本办法第二十二条第二款已经明确城市管理执法工作经费已列入同级财政预算，以后若仍然出现城市管理执法主管部门以罚没收入作为经费来源的情况，属于典型的违法行为，对此种违法行为应予以严厉追究。

四是使用、截留、损毁或者擅自处置查封、扣押物品的。本办法第二十九条规定，城市管理执法主管部门对查封、扣押的物品，应当妥善保管，不得使用、截留、损毁或者擅自处置。查封、扣押物品属于行政强制措施，行政强制法在第三章"行政强制措施实施程序"中对查封、扣押的程序作了详细的规定，明确了行政机关对查封、扣押物品的妥善保管义务，若造成损失的，还应当承担赔偿责任。可见，查封、扣押物品既是城市管理执法主管部门的一项权力，也使其有相应妥善保管的义务，不得使用、截留、损毁或者擅自处置，违反此种规定，显属违法行为，违法行为人对此应承担相应的责任。

五是其他违反法律法规和本办法规定的。除了上述四种明确的违法行为外，城市管理执法主管部门还可能会存在其他违法行为，考虑到现实执法情况的复杂性和违法行为的多样性，本项作为一项兜底条款予以规定。

此外，就责任承担的主体而言，既包括单位，也包括个人，换言之，不论是城管执法部门还是直接负责的执法人员，均有可能成为违法责任追究的主体。本条适用的重点在于对违法行为人如何作出处置。本条就责任追究的方式而言限于行政处分。对于存在上述违法情形的单位或个人，上级城市管理执法主管部门或者有关部门在作出相应处理时，应先是责令改正，通报批评。只有情节严重的，再对直接负责的主管人员和其他直接责任人员给予警告、记过、记大过等政纪处分。所谓责令改正，是指上级城市管理执法主管部门或者有关部门责令停止和纠正违法行为，以便恢复原状，维持既有的法定秩序和状态，具有一定的事后救济性。所谓通报批评，是指上级城市管理执法主管部门或者有关部门对于违法行为和违法事实，在一定范围内对外予以公布，从而对其声誉和信誉产生相应的不利后果。

● 相关规定

《中华人民共和国行政处罚法》第十七条,《违反行政事业性收费和罚没收入收支两条线管理规定行政处分暂行规定》第十一条,《中华人民共和国行政诉讼法》第七十条,《中华人民共和国行政强制法》第二十六条。

第四十条 非城市管理执法人员着城市管理执法制式服装的,城市管理执法主管部门应当予以纠正,依法追究法律责任。

● 条文主旨

本条是关于非城市管理执法人员违法着装责任的规定。

● 条文解读

本条规定了非城市管理执法人员着装的处分问题。本办法对城市管理执法人员的执法制式服装有着严格的规定,制式服装是代表行政执法的重要标识,非城市管理执法人员不得任意穿戴,对于违法穿戴的应进行严厉查处和纠正。

本条在具体适用时有两点需要注意:一是如何理解非城市管理执法人员。所谓非城市管理执法人员是相对于城市管理执法人员而言的。根据本办法相关规定，城市管理执法人员具有正式在编、持证上岗、有执行公务权等特点。《城市管理执法制式服装和标志标识供应管理办法》明确要求各级城市管理部门应严格限定着装范围，不得擅自扩大着装范围。因此，任何不行使城市管理执法权的人员穿着城市管理执法制式服装，是典型的违法违规行为。这里还需要指出，根据本办法第十七条、第十八条、第十九条之规定，城市管理执法人员与城市管理执法协管人员不是同一个法律概念，二者是两个不同的概念。特别是本办法第十九条，明确区分了城市管理执法人员依法开展的执法活动和协管人员依法开展的执法辅助事务。加之，城市管理执法协管人员主要是从事宣传教育、巡查、信息收集、违法行为劝阻等执法辅助性事务。所以，协管人员的穿着服装应与城市管理执法人员的制式服装有所区别，协管人员不能穿着城市管理执法人员的制式服装从事执法辅助事务。二是城市管理执法主管部门发现非城市管理执法人员穿着城市管理执法制式服装的，有权纠正这种违法和不当的行为，并可以依照相关法律法规的规定，追究行为人的法律责任。比如如果发现非城市管理执法人员穿着城市管理执法制式服装冒充城市管理执法人员执法或招摇撞骗的，则可以根据违法情节严重，提请有关部门对其进行治安管理处罚或者刑事处罚。

● 相关规定

《城市管理执法制式服装和标志标识供应管理办法》，《中华人民共和国治安管理处罚法》第五十一条，《中华人民共和国刑法》第二百七十九条。

※ 适用指导 ※

本章规定了城管执法监督的问题，确保相关条款能够在实务中得以落实是制度设计的关键。结合相关的理论和实践，我们选取城管执法监督中如下热点问题进行重点分析，以期对各地的城管执法监督工作有所指导和帮助。

一、城市管理执法投诉举报机制的建设

（一）投诉、举报方式的公开

投诉举报方式公开是确保投诉举报制度能取得实效的重要方面，各地城市管理执法机关应采用一定方式，将本地区或本单位有关城市管理执法的投诉、举报方式等信息主动向当事人和社会公开，充分保障其知情权、参与权、监督权。投诉举报方式或手段的公示也是履行政府信息公开职责的一个重要方面。在具体公示的手段和方式上，可以灵活多样，一般常见的公开方式，主要有在单位的网站、办公场所的电子显示屏和公示栏等上面公开投诉举报的联系方式，这些方式既可以单独使用也可以综合使用。建立健全投诉举报方式的公示制度，具有重要的示范意义，这是贯彻落实党的十八届四中全会关于"推行行政执法公示制度"的一个重要体现，有利于实现执法过程的公开化和透明化。

（二）城市管理执法投诉举报机制建设

1. 有关地区的典型经验

完善城市管理执法投诉举报制度并不是一个新的问题，在本办法出台之前，不少地区的城市管理执法部门已经先期开展了这方面的工作，有的地市还专门制定了文件对城管执法投诉举报制度予以规范，在实践运行中也取得了良好的效果。[①] 从各地之前的实践情况来看，在投诉举报的方式上以公布投诉举报的热线电话居多，比如北京市城市管理综合行政执法局设立"城管热线"，专门受理群众举报、投诉、咨询和建议，该热线24小时由专人接听，专人处理，而且，根据案件处理流程的要求，对96310城管热线系统进行了全面升级改造，增加了电话回访、群众举报实时分析统计、电子地图等服务功能，开通了城管热线市、区、街，即市局、大队（分局）、分队三级受理、转办、

[①] 《朝阳市城市管理综合行政执法局投诉举报制度》，载朝阳市城市管理综合行政执法局网站，http：//www.cycg.gov.cn/disp.asp? fID_ArticleContent＝6269，最后访问时间：2017年4月15日。

反馈功能。这样不仅提高了服务的效率,更是提高了服务的质量和群众的满意度。①

除热线电话外,还有更加便捷、更加贴近时代要求和群众的投诉举报方式。比如利用现代通信软件,推出城管执法微信、微博公众号。比如乌鲁木齐城市管理委员会(乌鲁木齐市城市管理行政综合执法局)建立了"城市违法管理违法行为公示举报平台",该平台公布了城市管理微信公众号,实现了对"城市牛皮癣"、垃圾积雪清扫清运、乱占道、乱停放车辆、乱堆放、乱悬挂横幅、私搭私建、乱拉线路等城市管理违法行为的随时随地实时举报。②

2. 充分利用现代媒介加强公众参与

应当强化公众参与,加强社会监督,积极发挥社会公众在查处城市管理违法中的作用。城市管理执法投诉举报机制建设的一个关键环节就是应加强公众的参与度。一方面,需要各地城市管理执法部门做好公众参与的引导和宣传工作,要加大城市管理公众参与的宣传力度,提高社会公众的参与意识,要通过新闻、网络平台等现代媒介,积

---

① 《96310 城管热线》,载北京市城市管理综合行政执法局网站,http://www.bjcg.gov.cn/gzcy12/,最后访问时间:2017 年 4 月 15 日。

② 《城市违法管理违法行为公示举报平台》,载乌鲁木齐城市管理委员会(乌鲁木齐市城市管理行政综合执法局)网站,http://www.xjzf.net/index.php?area=wlmq,最后访问时间:2017 年 4 月 15 日。

极引导公众参与,不断转变公众参与城市管理的观念和角色,使社会公众从被动参与逐渐转变到主动参与。另一方面,要完善公众参与的具体制度和监督权。完善制度保障是推进城市管理执法监督的重要手段。要用法律手段和政策引导等方式,保障社会公众的监督参与权,引导社会公众全过程、高密度地参与城市管理执法过程,对城管执法的具体过程可以及时提出监督意见。城市管理部门要充分听取公众提出的监督意见,通过微信、微博、热线电话等现代媒介,对公众监督的意见落实情况作出及时反馈。

3. 建立健全投诉举报人保密的机制

为投诉举报人保密是城市管理执法部门一项重要的义务。投诉举报人的姓名、住址、家庭等各项隐私信息,应当受到全面的保护,这种保密义务在刑事诉讼法及相关司法解释中也均有所规定。现实中由于投诉举报的隐私信息被泄露,投诉举报人遭受打击报复的案例时见报端,导致社会公众对投诉举报的积极性下降。为确保城市管理执法投诉举报制度能够取得更好的效果,一方面,各地城市管理执法部门应严格按照相关法律法规的规定,保护好投诉举报人的各项隐私权,如有擅自泄露投诉举报人信息,对投诉举报人造成伤害的,严格追究相关人员的法律责任;另一方面,应建立健全投诉举报人信息保护方面的"零容忍"机制,对于擅自泄密人员或者单位,一律予以严厉惩处,用最严格的追责机制,来倒逼相关人员或者部门履行好投诉举报人的信息保护义务。①

二、城市管理执法违法责任追究机制的建设

(一) 加强城管执法责任机制建设的重要意义

行政执法责任制是规范和监督行政机关行政执法活动的一项重要制度。早在2005年就已出台了《国务院办公厅关于推行行政执法责任制的若干意见》,党的十八届四中全会再次强调要"全面落实行政执法责任制,严格确定不同部门及机构、岗位执法人员执法责任和责任追究机制"。在城市管理执法中全面落实行政执法责任制,这意味着对于城市管理活动中一切违法违规的行为都要追究,一切执法不严不公的现象都必须纠正。在追究行政执法责任时,必须做到实事求是、客观公正,在对责任人作出处理前,应当认真听取当事人的意见,保障其陈述和申辩的权利。这里需要指出的是,监督问责程序是城管执法责任制落到实处的最后一道保障。城管执法部门应健全相应的执法监督问责程序,加强对执法过程的检查监督,将执法过程的文明科学纳入行政执法评议考核范畴。

---

① 《举报人的信息应严格保密》,载新华网,http://news.xinhuanet.com/comments/2016-10/27/c_1119795282.htm,最后访问时间:2017年4月16日。

（二）城管执法违法责任追究机制实施的具体建议

1. 严格依照本办法规定的情形适用城管执法责任制。本办法第三十九条对城管执法违法行为的种类和应承担的法律责任作了总括性规定，各地城市管理执法部门应严格遵循本办法第三十九条所规定的五种情形予以适用。对于前四种情形，本办法规定得比较清晰和明确，这几种违法情形也比较好判断，对于这种明确列举违法行为，在判断时应当严格予以遵循。这里需要注意的是本办法第三十九条第五项规定的情形，这属于兜底条款，基于城管执法的现实复杂性，各种城管执法违法行为本办法无法一一列举出来，在这方面还有很多内容需要进一步深化和细化。因此，各地城市执法部门可以结合当地城管执法的实践，制定具体的实施细则和操作规范，对"其他违反法律法规和本办法规定的"情形进行有益补充。不过，制定这些具体实施细则和操作规范的主体不宜过低，应突出规范性文件的质量而不是数量，就各层级制定规范性文件的水平和能力而言，一般情况下省、市一级明显高于县、区一级，所以制定的主体应主要限制在各省、自治区、直辖市人民政府住房城乡建设主管部门或者城市管理执法主管部门。

2. 内外结合加强城管执法责任监督机制方面的建设。城管执法责任监督机制是一项系统工程，应通过内外结合的方式加强该项机制建设，进一步提升其实施的效果。一方面应加强城管执法机关内部的监督。城管执法机关内部的执法全过程记录、重大执法决定法制审核、执法办案评议考核等监督检查程序均可以有效地防止和纠正包括违反法定程序在内的大部分执法权滥用的行为，从而提高办案质量。另一方面应充分发挥社会公众、新闻媒体对城管执法机关行为的监督。通过调动广大人民群众的主观能动性，利用好新闻媒体的影响和公开性等特点，以充分实现对城管执法违法行为以及处分行为的监督。

第八章 附 则

※ 本章导读 ※

附则一般是法律文本的附属部分,主要规定实施日期、名词、术语定义等内容。本章为本办法的附则条款,主要是关于参照执行及本办法的实施日期的规定。

※ 条文理解 ※

第四十一条 本办法第二条第一款规定范围以外的城市管理执法工作,参照本办法执行。

● 条文主旨

本条是关于参照执行的规定。

● 条文解读

本法第二条第一款明确了本办法的适用范围为"城

市、县人民政府所在地镇建成区内的城市管理执法活动以及执法监督活动"。那么，在本办法第二条第一款规定范围以外的城市管理执法工作，参照本办法执行。该规定可以防止出现"真空地带"，确保所有的城市管理执法工作都有法可依。

第四十二条 本办法自 2017 年 5 月 1 日起施行。1992 年 6 月 3 日发布的《城建监察规定》（建设部令第 20 号）同时废止。

● 条文主旨

本条是关于本办法实施时间以及《城建监察规定》废止的规定。

● 条文解读

所谓法律的实施时间即法律的生效时间。依据本条的规定，本办法自 2017 年 5 月 1 日起实施。法律的公布与实施为两个不同的概念。本规章公布日期为 2017 年 1 月 24 日，由中华人民共和国住房和城乡建设部予以发布。本办法属于自公布之日起经过一段时间后再正式施行。其主要原因在于本办法具有许多具有创新意义的内容，对于城管执法主管部门和公民、法人、其他组织来说，都需要一个学习和准备的过程。因此，在本办法公布后，留有一段时间再正式施行，可以有较为充分的时间来宣传、普及本办法，进而为今后更好地贯彻执行本办法打下坚实基础。

本办法施行后，1992年6月3日由原建设部发布的《城建监察规定》同时废止。国务院住房城乡建设主管部门依据《城市管理执法办法》对全国城市管理执法工作进行指导监督协调。《城建监察规定》已经无法适应现实社会发展需要，因此依法将其废止，不再具有效力，不能再作为执法依据而适用。

※ 适用指导 ※

本办法于2017年5月1日起施行。政府及其工作部门应当做好本法的实施相关准备工作和宣传工作，组织城管执法人员进行学习、培训，以提升其执法的水平和能力，实现依法行政，真正保护行政相对人的权益。

附录

一、规章全文

城市管理执法办法

（2017年1月24日第32次部常务会议审议通过 中华人民共和国住房和城乡建设部令第34号发布 自2017年5月1日起施行）

第一章 总 则

第一条 为了规范城市管理执法工作，提高执法和服务水平，维护城市管理秩序，保护公民、法人和其他组织的合法权益，根据行政处罚法、行政强制法等法律法规的规定，制定本办法。

第二条 城市、县人民政府所在地镇建成区内的城市管理执法活动以及执法监督活动，适用本办法。

本办法所称城市管理执法，是指城市管理执法主管部门在城市管理领域根据法律法规规章规定履行行政处罚、行政强制等行政执法职责的行为。

第三条 城市管理执法应当遵循以人为本、依法治理、源头治理、权责一致、协调创新的原则，坚持严格规范公正文明执法。

第四条 国务院住房城乡建设主管部门负责全国城市管理执法的指导监督协调工作。

各省、自治区人民政府住房城乡建设主管部门负责本行政区域内城市管理执法的指导监督考核协调工作。

城市、县人民政府城市管理执法主管部门负责本行政区域内的城市管理执法工作。

第五条 城市管理执法主管部门应当推动建立城市管理协调机制，协调有关部门做好城市管理执法工作。

第六条 城市管理执法主管部门应当加强城市管理法律法规规章的宣传普及工作，增强全民守法意识，共同维护城市管理秩序。

第七条 城市管理执法主管部门应当积极为公众监督城市管理执法活动提供条件。

第二章　执　法　范　围

第八条 城市管理执法的行政处罚权范围依照法律法规和国务院有关规定确定，包括住房城乡建设领域法律法规规章规定的行政处罚权，以及环境保护管理、工商管理、交通管理、水务管理、食品药品监管方面与城市管理相关部分的行政处罚权。

第九条 需要集中行使的城市管理执法事项，应当同时具备下列条件：

（一）与城市管理密切相关；

（二）与群众生产生活密切相关、多头执法扰民问题突出；

（三）执法频率高、专业技术要求适宜；

（四）确实需要集中行使的。

第十条 城市管理执法主管部门依法相对集中行使行政处罚权的，可以实施法律法规规定的与行政处罚权相关的行政强制措施。

第十一条 城市管理执法事项范围确定后，应当向社会公开。

第十二条 城市管理执法主管部门集中行使原由其他部门行使的行政处罚权的，应当与其他部门明确职责权限和工作机制。

第三章 执 法 主 体

第十三条 城市管理执法主管部门按照权责清晰、事权统一、精简效能的原则设置执法队伍。

第十四条 直辖市、设区的市城市管理执法推行市级执法或者区级执法。

直辖市、设区的市的城市管理执法事项，市辖区人民政府城市管理执法主管部门能够承担的，可以实行区级执法。

直辖市、设区的市人民政府城市管理执法主管部门可以承担跨区域和重大复杂违法案件的查处。

第十五条 市辖区人民政府城市管理执法主管部门可以向街道派出执法机构。直辖市、设区的市人民政府城市管理执法主管部门可以向市辖区或者街道派出执法机构。

派出机构以设立该派出机构的城市管理执法主管部门的名义，在所辖区域范围内履行城市管理执法职责。

第十六条　城市管理执法主管部门应当依据国家相关标准，提出确定城市管理执法人员数量的合理意见，并按程序报同级编制主管部门审批。

第十七条　城市管理执法人员应当持证上岗。

城市管理执法主管部门应当定期开展执法人员的培训和考核。

第十八条　城市管理执法主管部门可以配置城市管理执法协管人员，配合执法人员从事执法辅助事务。

协管人员从事执法辅助事务产生的法律后果，由本级城市管理执法主管部门承担。

城市管理执法主管部门应当严格协管人员的招录程序、资格条件，规范执法辅助行为，建立退出机制。

第十九条　城市管理执法人员依法开展执法活动和协管人员依法开展执法辅助事务，受法律保护。

第四章　执 法 保 障

第二十条　城市管理执法主管部门应当按照规定配置执法执勤用车以及调查取证设施、通讯设施等装备配备，并规范管理。

第二十一条　城市管理执法制式服装、标志标识应当全国统一，由国务院住房城乡建设主管部门制定式样和标准。

第二十二条　城市管理执法应当保障必要的工作经费。

工作经费按规定已列入同级财政预算，城市管理执法主管部门不得以罚没收入作为经费来源。

第二十三条　城市管理领域应当建立数字化城市管理平台，实现城市管理的信息采集、指挥调度、督察督办、公众参与等功能，并逐步实现与有关部门信息平台的共享。

城市管理领域应当整合城市管理相关电话服务平台，建立统一的城市管理服务热线。

第二十四条　城市管理执法需要实施鉴定、检验、检测的，城市管理执法主管部门可以开展鉴定、检验、检测，或者按照有关规定委托第三方实施。

第五章　执法规范

第二十五条　城市管理执法主管部门依照法定程序开展执法活动，应当保障当事人依法享有的陈述、申辩、听证等权利。

第二十六条　城市管理执法主管部门开展执法活动，应当根据违法行为的性质和危害后果依法给予相应的行政处罚。

对违法行为轻微的，可以采取教育、劝诫、疏导等方式予以纠正。

第二十七条　城市管理执法人员开展执法活动，可以依法采取以下措施：

（一）以勘验、拍照、录音、摄像等方式进行现场取证；

（二）在现场设置警示标志；

（三）询问案件当事人、证人等；

（四）查阅、调取、复制有关文件资料等；

（五）法律、法规规定的其他措施。

第二十八条 城市管理执法主管部门应当依法、全面、客观收集相关证据，规范建立城市管理执法档案并完整保存。

城市管理执法主管部门应当运用执法记录仪、视频监控等技术，实现执法活动全过程记录。

第二十九条 城市管理执法主管部门对查封、扣押的物品，应当妥善保管，不得使用、截留、损毁或者擅自处置。查封、扣押的物品属非法物品的，移送有关部门处理。

第三十条 城市管理执法主管部门不得对罚款、没收违法所得设定任务和目标。

罚款、没收违法所得的款项，应当按照规定全额上缴。

第三十一条 城市管理执法主管部门应当确定法制审核机构，配备一定比例符合条件的法制审核人员，对重大执法决定在执法主体、管辖权限、执法程序、事实认定、法律适用等方面进行法制审核。

第三十二条 城市管理执法主管部门开展执法活动，应当使用统一格式的行政执法文书。

第三十三条 行政执法文书的送达，依照民事诉讼法等法律规定执行。

当事人提供送达地址或者同意电子送达的，可以按照其提供的地址或者传真、电子邮件送达。

采取直接、留置、邮寄、委托、转交等方式无法送达的，可以通过报纸、门户网站等方式公告送达。

第三十四条 城市管理执法主管部门应当通过门户网站、办事窗口等渠道或者场所，公开行政执法职责、权限、依据、监督方式等行政执法信息。

第六章 协作与配合

第三十五条 城市管理执法主管部门应当与有关部门建立行政执法信息互通共享机制,及时通报行政执法信息和相关行政管理信息。

第三十六条 城市管理执法主管部门可以对城市管理执法事项实行网格化管理。

第三十七条 城市管理执法主管部门在执法活动中发现依法应当由其他部门查处的违法行为,应当及时告知或者移送有关部门。

第七章 执法监督

第三十八条 城市管理执法主管部门应当向社会公布投诉、举报电话及其他监督方式。

城市管理执法主管部门应当为投诉人、举报人保密。

第三十九条 城市管理执法主管部门违反本办法规定,有下列行为之一的,由上级城市管理执法主管部门或者有关部门责令改正,通报批评;情节严重的,对直接负责的主管人员和其他直接责任人员依法给予处分。

(一)没有法定依据实施行政处罚的;

(二)违反法定程序实施行政处罚的;

(三)以罚款、没收违法所得作为经费来源的;

（四）使用、截留、损毁或者擅自处置查封、扣押物品的；

（五）其他违反法律法规和本办法规定的。

第四十条 非城市管理执法人员着城市管理执法制式服装的，城市管理执法主管部门应当予以纠正，依法追究法律责任。

第八章 附 则

第四十一条 本办法第二条第一款规定范围以外的城市管理执法工作，参照本办法执行。

第四十二条 本办法自 2017 年 5 月 1 日起施行。1992 年 6 月 3 日发布的《城建监察规定》（建设部令第 20 号）同时废止。

二、相关规定

中共中央 国务院关于深入推进城市执法体制改革 改进城市管理工作的指导意见[①]

（2015 年 12 月 24 日）

改革开放以来，我国城镇化快速发展，城市规模不断扩大，建设水平逐步提高，保障城市健康运行的任务日益繁重，加强和改善城市管理的需求日益迫切，城市管理工作的地位和作用日益突出。各地区各有关方面适应社会发展形势，积极做好城市管理工作，探索提高城市管理执法和服务水平，对改善城市秩序、促进城市和谐、提升城市品质发挥了重要作用。但也要清醒看到，与新型城镇化发展要求和人民群众生产生活需要相比，我国多数地区在城市市政管理、交通运行、人居环境、应急处置、公共秩序等方面仍有较大差距，城市管理执法工作还存在管理体制不顺、职责边界不清、法律法规不健全、

---

① 载中国政府网，http://www.gov.cn/zhengce/2015-12/30/content_5029663.htm，最后访问时间：2022 年 10 月 20 日。

管理方式简单、服务意识不强、执法行为粗放等问题,社会各界反映较为强烈,在一定程度上制约了城市健康发展和新型城镇化的顺利推进。

深入推进城市管理执法体制改革,改进城市管理工作,是落实"四个全面"战略布局的内在要求,是提高政府治理能力的重要举措,是增进民生福祉的现实需要,是促进城市发展转型的必然选择。为理顺城市管理执法体制,解决城市管理面临的突出矛盾和问题,消除城市管理工作中的短板,进一步提高城市管理和公共服务水平,现提出以下意见。

一、总体要求

(一)指导思想。深入贯彻党的十八大和十八届二中、三中、四中、五中全会及中央城镇化工作会议、中央城市工作会议精神,以"四个全面"战略布局为引领,牢固树立创新、协调、绿色、开放、共享的发展理念,以城市管理现代化为指向,以理顺体制机制为途径,将城市管理执法体制改革作为推进城市发展方式转变的重要手段,与简政放权、放管结合、转变政府职能、规范行政权力运行等有机结合,构建权责明晰、服务为先、管理优化、执法规范、安全有序的城市管理体制,推动城市管理走向城市治理,促进城市运行高效有序,实现城市让生活更美好。

(二)基本原则

——坚持以人为本。牢固树立为人民管理城市的理念,强化宗旨意识和服务意识,落实惠民和便民措施,以群众满意为标准,切实解决社会各界最关心、最直接、最现实的问题,努力消除各种"城市病"。

——坚持依法治理。完善执法制度，改进执法方式，提高执法素养，把严格规范公正文明执法的要求落实到城市管理执法全过程。

——坚持源头治理。增强城市规划、建设、管理的科学性、系统性和协调性，综合考虑公共秩序管理和群众生产生活需要，合理安排各类公共设施和空间布局，加强对城市规划、建设实施情况的评估和反馈。变被动管理为主动服务，变末端执法为源头治理，从源头上预防和减少违法违规行为。

——坚持权责一致。明确城市管理和执法职责边界，制定权力清单，落实执法责任，权随事走、人随事调、费随事转，实现事权和支出相适应、权力和责任相统一。合理划分城市管理事权，实行属地管理，明确市、县政府在城市管理和执法中负主体责任，充实一线人员力量，落实执法运行经费，将工作重点放在基层。

——坚持协调创新。加强政策措施的配套衔接，强化部门联动配合，有序推进相关工作。以网格化管理、社会化服务为方向，以智慧城市建设为契机，充分发挥现代信息技术的优势，加快形成与经济社会发展相匹配的城市管理能力。

（三）总体目标。到2017年年底，实现市、县政府城市管理领域的机构综合设置。到2020年，城市管理法律法规和标准体系基本完善，执法体制基本理顺，机构和队伍建设明显加强，保障机制初步完善，服务便民高效，现代城市治理体系初步形成，城市管理效能大幅提高，人民群众满意度显著提升。

二、理顺管理体制

（四）匡定管理职责。城市管理的主要职责是市政管理、环境管理、交通管理、应急管理和城市规划实施管理等。具体实施范围包括：市政公用设施运行管理、市容环境卫生管理、园林绿化管理等方面的全部工作；市、县政府依法确定的，与城市管理密切相关、需要纳入统一管理的公共空间秩序管理、违法建设治理、环境保护管理、交通管理、应急管理等方面的部分工作。城市管理执法即是在上述领域根据国家法律法规规定履行行政执法权力的行为。

（五）明确主管部门。国务院住房和城乡建设主管部门负责对全国城市管理工作的指导，研究拟定有关政策，制定基本规范，做好顶层设计，加强对省、自治区、直辖市城市管理工作的指导监督协调，积极推进地方各级政府城市管理事权法律化、规范化。各省、自治区、直辖市政府应当确立相应的城市管理主管部门，加强对辖区内城市管理工作的业务指导、组织协调、监督检查和考核评价。各地应科学划分城市管理部门与相关行政主管部门的工作职责，有关管理和执法职责划转城市管理部门后，原主管部门不再行使。

（六）综合设置机构。按照精简统一效能的原则，住房城乡建设部会同中央编办指导地方整合归并省级执法队伍，推进市县两级政府城市管理领域大部门制改革，整合市政公用、市容环卫、园林绿化、城市管理执法等城市管理相关职能，实现管理执法机构综合设置。统筹解决好机构性质问题，具备条件的应当纳入政府机构序列。遵循城市运行规律，建立健全以城市良性运行为核心，地上地下设施建设运行统筹协调的城市管理体制机制。有条件的市和县应当建立规划、建设、管理一体化的行政管理体制，强化城市管理和执法工作。

（七）推进综合执法。重点在与群众生产生活密切相关、执法频率高、多头执法扰民问题突出、专业技术要求适宜、与城市管理密切相关且需要集中行使行政处罚权的领域推行综合执法。具体范围是：住房城乡建设领域法律法规规章规定的全部行政处罚权；环境保护管理方面社会生活噪声污染、建筑施工噪声污染、建筑施工扬尘污染、餐饮服务业油烟污染、露天烧烤污染、城市焚烧沥青塑料垃圾等烟尘和恶臭污染、露天焚烧秸秆落叶等烟尘污染、燃放烟花爆竹污染等的行政处罚权；工商管理方面户外公共场所无照经营、违规设置户外广告的行政处罚权；交通管理方面侵占城市道路、违法停放车辆等的行政处罚权；水务管理方面向城市河道倾倒废弃物和垃圾及违规取土、城市河道违法建筑物拆除等的行政处罚权；食品药品监管方面户外公共场所食品销售和餐饮摊点无证经营，以及违法回收贩卖药品等的行政处罚权。城市管理部门可以实施与上述范围内法律法规规定的行政处罚权有关的行政强制措施。到2017年年底，实现住房城乡建设领域行政处罚权的集中行使。上述范围以外需要集中行使的具体行政处罚权及相应的行政强制权，由市、县政府报所在省、自治区政府审批，直辖市政府可以自行确定。

（八）下移执法重心。按照属地管理、权责一致的原则，合理确定设区的市和市辖区城市管理部门的职责分工。市级城市管理部门主要负责城市管理和执法工作的指导、监督、考核，以及跨区域及重大复杂违法违规案件的查处。按照简政放权、放管结合、优化服务的要求，在设区的市推行市或区一级执法，市辖区能够承担的可以实行区一级执法，区级城市管理部门可以向街道派驻执法机构，推动执法事项属地化管理；市辖区不能承担的，市级城市管理部门可以向市辖区和街道派驻执法机构，开展综合执法工作。派驻机构业务工作接受市或市辖区城市管理部门的领导，日常管理以所在市辖区或街道为主，负责人的调整应当征求派驻地党（工）委的意见。逐步实现城市管理执法工作全覆盖，并向乡镇延伸，推进城乡一体化发展。

三、强化队伍建设

（九）优化执法力量。各地应当根据执法工作特点合理设置岗位，科学确定城市管理执法人员配备比例标准，统筹解决好执法人员身份编制问题，在核定的行政编制数额内，具备条件的应当使用行政编制。执法力量要向基层倾斜，适度提高一线人员的比例，通过调整结构优化执法力量，确保一线执法工作需要。区域面积大、流动人口多、管理执法任务重的地区，可以适度调高执法人员配备比例。

（十）严格队伍管理。建立符合职业特点的城市管理执法人员管理制度，优化干部任用和人才选拔机制，严格按照公务员法有关规定开展执法人员录用等有关工作，加大接收安置军转干部的力度，加强领导班子和干部队伍建设。根据执法工作需要，统一制式服装和标志标识，制定执法执勤用车、装备配备标准，到2017年年底，实现执法制式服装和标志标识统一。严格执法人员素质要求，加强思想道德和素质教育，着力提升执法人员业务能力，打造政治坚定、作风优良、纪律严明、廉洁务实的执法队伍。

（十一）注重人才培养。加强现有在编执法人员业务培训和考试，严格实行执法人员持证上岗和资格管理制度，到 2017 年年底，完成处级以上干部轮训和持证上岗工作。建立符合职业特点的职务晋升和交流制度，切实解决基层执法队伍基数大、职数少的问题，确保部门之间相对平衡、职业发展机会平等。完善基层执法人员工资政策。研究通过工伤保险、抚恤等政策提高风险保障水平。鼓励高等学校设置城市管理专业或开设城市管理课程，依托党校、行政学院、高等学校等开展岗位培训。

（十二）规范协管队伍。各地可以根据实际工作需要，采取招用或劳务派遣等形式配置城市管理执法协管人员。建立健全协管人员招聘、管理、奖惩、退出等制度。协管人员数量不得超过在编人员，并应当随城市管理执法体制改革逐步减少。协管人员只能配合执法人员从事宣传教育、巡查、信息收集、违法行为劝阻等辅助性事务，不得从事具体行政执法工作。协管人员从事执法辅助事务以及超越辅助事务所形成的后续责任，由本级城市管理部门承担。

四、提高执法水平

（十三）制定权责清单。各地要按照转变政府职能、规范行政权力运行的要求，全面清理调整现有城市管理和综合执法职责，优化权力运行流程。依法建立城市管理和综合执法部门的权力和责任清单，向社会公开职能职责、执法依据、处罚标准、运行流程、监督途径和问责机制。制定责任清单与权力清单工作要统筹推进，并实行动态管理和调整。到 2016 年年底，市、县两级城市管理部门要基本完成权力清单和责任清单的制定公布工作。

（十四）规范执法制度。各地城市管理部门应当切实履行城市管理执法职责，完善执法程序，规范办案流程，明确办案时限，提高办案效率。积极推行执法办案评议考核制度和执法公示制度。健全行政处罚适用规则和裁量基准制度、执法全过程记录制度。严格执行重大执法决定法制审核制度。杜绝粗暴执法和选择性执法，确保执法公信力，维护公共利益、人民权益和社会秩序。

（十五）改进执法方式。各地城市管理执法人员应当严格履行执法程序，做到着装整齐、用语规范、举止文明，依法规范行使行政检查权和行政强制权，严禁随意采取强制执法措施。坚持处罚与教育相结合的原则，根据违法行为的性质和危害后果，灵活运用不同执法方式，对情节较轻或危害后果能够及时消除的，应当多做说服沟通工作，加强教育、告诫、引导。综合运用行政指导、行政奖励、行政扶助、行政调解等非强制行政手段，引导当事人自觉遵守法律法规，及时化解矛盾纷争，促进社会和谐稳定。

（十六）完善监督机制。强化外部监督机制，畅通群众监督渠道、行政复议渠道，城市管理部门和执法人员要主动接受法律监督、行政监督、社会监督。强化内部监督机制，全面落实行政执法责任制，加强城市管理部门内部流程控制，健全责任追究机制、纠错问责机制。强化执法监督工作，坚决排除对执法活动的违规人为干预，防止和克服各种保护主义。

五、完善城市管理

（十七）加强市政管理。市政公用设施建设完成后，应当及时将管理信息移交城市管理部门，并建立完备的城建档案，实现档案信息共享。加强市政公用设施管护工作，保障安全高效运行。加强城市道路管理，严格控制道路开挖或占用道路行为。加强城市地下综合管廊、给排水和垃圾处理等基础设施管理，服务入廊单位生产运行和市民日常生活。

（十八）维护公共空间。加强城市公共空间规划，提升城市设计水平。加强建筑物立面管理和色调控制，规范报刊亭、公交候车亭等"城市家具"设置，加强户外广告、门店牌匾设置管理。加强城市街头流浪乞讨人员救助管理。严查食品无证摊贩、散发张贴小广告、街头非法回收药品、贩卖非法出版物等行为。及时制止、严肃查处擅自变更建设项目规划设计和用途、违规占用公共空间以及乱贴乱画乱挂等行为，严厉打击违法用地、违法建设行为。

（十九）优化城市交通。坚持公交优先战略，着力提升城市公共交通服务水平。加强不同交通工具之间的协调衔接，倡导步行、自行车等绿色出行方式。打造城市交通微循环系统，加大交通需求调控力度，优化交通出行结构，提高路网运行效率。加强城市交通基础设施和智能化交通指挥设施管理维护。整顿机动车交通秩序。加强城市出租客运市场管理。加强静态交通秩序管理，综合治理非法占道停车及非法挪用、占用停车设施，鼓励社会资本投入停车场建设，鼓励单位停车场错时对外开放，逐步缓解停车难问题。

（二十）改善人居环境。切实增加物质和人力投入，提高城市园林绿化、环卫保洁水平，加强大气、噪声、固体废物、河湖水系等环境管理，改善城市人居环境。规范建筑施工现场管理，严控噪声扰民、施工扬尘和渣土运输抛洒。推进垃圾减量化、资源化、无害化管理。加强废弃电器电子产品回收处理和医疗垃圾集中处理管理。大力开展爱国卫生运动，提高城市卫生水平。

（二十一）提高应急能力。提高城市防灾减灾能力，保持水、电、气、热、交通、通信、网络等城市生命线系统畅通。建立完善城市管理领域安全监管责任制，强化重大危险源监控，消除重大事故隐患。加强城市基础设施安全风险隐患排查，建立分级、分类、动态管理制度。完善城市管理应急响应机制，提高突发事件处置能力。强化应急避难场所、设施设备管理，加强各类应急物资储备。建立应急预案动态调整管理制度，经常性开展疏散转移、自救互救等综合演练。做好应对自然灾害等突发事件的军地协调工作。

（二十二）整合信息平台。积极推进城市管理数字化、精细化、智慧化，到2017年年底，所有市、县都要整合形成数字化城市管理平台。基于城市公共信息平台，综合运用物联网、云计算、大数据等现代信息技术，整合人口、交通、能源、建设等公共设施信息和公共基础服务，拓展数字化城市管理平台功能。加快数字化城市管理向智慧化升级，实现感知、分析、服务、指挥、监察"五位一体"。整合城市管理相关电话服务平台，形成全国统一的12319城市管理服务热线，并实现与110报警电话等的对接。综合利用各类监测监控手段，强化视频监控、环境监测、交通运行、供水供气供电、防洪防涝、生命线保障等城市运行数据的综合采集和管理分析，形成综合性城市管理数据库，重点推进城市建筑物数据库建设。强化行政许可、行政处罚、社会诚信等城市管理全要素数据的采集与整合，提升数据标准化程度，促进多部门公共数据资源互联互通和开放共享，建立用数据说话、用数据决策、用数据管理、用数据创新的新机制。

（二十三）构建智慧城市。加强城市基础设施智慧化管理与监控服务，加快市政公用设施智慧化改造升级，构建城市虚拟仿真系统，强化城镇重点应用工程建设。发展智慧水务，构建覆盖供水全过程、保障供水质量安全的智能供排水和污水处理系统。发展智慧管网，实现城市地下空间、地下综合管廊、地下管网管理信息化和运行智能化。发展智能建筑，实现建筑设施设备节能、安全的智能化管控。加快城市管理和综合执法档案信息化建设。依托信息化技术，综合利用视频一体化技术，探索快速处置、非现场执法等新型执法模式，提升执法效能。

六、创新治理方式

（二十四）引入市场机制。发挥市场作用，吸引社会力量和社会资本参与城市管理。鼓励地方通过政府和社会资本合作等方式，推进城市市政基础设施、市政公用事业、公共交通、便民服务设施等的市场化运营。推行环卫保洁、园林绿化管养作业、公共交通等由政府向社会购买服务，逐步加大购买服务力度。综合运用规划引导、市场运作、商户自治等方式，顺应历史沿革和群众需求，合理设置、有序管理方便生活的自由市场、摊点群、流动商贩疏导点等经营场所和服务网点，促创业、带就业、助发展、促和谐。

（二十五）推进网格管理。建立健全市、区（县）、街道（乡镇）、社区管理网络，科学划分网格单元，将城市管理、社会管理和公共服务事项纳入网格化管理。明确网格管理对象、管理标准和责任人，实施常态化、精细化、制度化管理。依托基层综合服务管理平台，全面加强对人口、房屋、证件、车辆、场所、社会组织等各类基础信息的实时采集、动态录入，准确掌握情况，及时发现和快速处置问题，有效实现政府对社会单元的公共管理和服务。

（二十六）发挥社区作用。加强社区服务型党组织建设，充分发挥党组织在基层社会治理中的领导核心作用，发挥政府在基层社会治理中的主导作用。依法建立社区公共事务准入制度，充分发挥社区居委会作用，增强社区自治功能。充分发挥社会工作者等专业人才的作用，培育社区社会组织，完善社区协商机制。推动制定社区居民公约，促进居民自治管理。建设完善社区公共服务设施，打造方便快捷生活圈。通过建立社区综合信息平台、编制城市管理服务图册、设置流动服务站等方式，提供惠民便民公共服务。

（二十七）动员公众参与。依法规范公众参与城市治理的范围、权利和途径，畅通公众有序参与城市治理的渠道。倡导城市管理志愿服务，建立健全城市管理志愿服务宣传动员、组织管理、激励扶持等制度和组织协调机制，引导志愿者与民间组织、慈善机构和非营利性社会团体之间的交流合作，组织开展多形式、常态化的志愿服务活动。依法支持和规范服务性、公益性、互助性社会组织发展。采取公众开放日、主题体验活动等方式，引导社会组织、市场中介机构和公民法人参与城市治理，形成多元共治、良性互动的城市治理模式。

（二十八）提高文明意识。把培育和践行社会主义核心价值观作为城市文明建设的根本任务，融入国民教育和精神文明创建全过程，广泛开展城市文明教育，大力弘扬社会公德。深化文明城市创建，不断提升市民文明素质和城市文明程度。积极开展新市民教育和培训，让新市民尽快融入城市生活，促进城市和谐稳定。充分发挥各级党组织和工会、共青团、妇联等群团组织的作用，广泛开展城市文明主题宣传教育和实践活动。加强社会诚信建设，坚持将公约引导、信用约束、法律规制相结合，以他律促自律。

七、完善保障机制

（二十九）健全法律法规。加强城市管理和执法方面的立法工作，完善配套法规和规章，实现深化改革与法治保障有机统一，发挥立法对改革的引领和规范作用。有立法权的城市要根据立法法的规定，加快制定城市管理执法方面的地方性法规、规章，明晰城市管理执法范围、程序等内容，规范城市管理执法的权力和责任。全面清理现行法律法规中与推进城市管理执法体制改革不相适应的内容，定期开展规章和规范性文件清理工作，并向社会公布清理结果，加强法律法规之间的衔接。加快制定修订一批城市管理和综合执法方面的标准，形成完备的标准体系。

（三十）保障经费投入。按照事权和支出责任相适应原则，健全责任明确、分类负担、收支脱钩、财政保障的城市管理经费保障机制，实现政府资产与预算管理有机结合，防止政府资产流失。城市政府要将城市管理经费列入同级财政预算，并与城市发展速度和规模相适应。严格执行罚缴分离、收支两条线制度，不得将城市管理经费与罚没收入挂钩。各地要因地制宜加大财政支持力度，统筹使用有关资金，增加对城市管理执法人员、装备、技术等方面的资金投入，保障执法工作需要。

（三十一）加强司法衔接。建立城市管理部门与公安机关、检察机关、审判机关信息共享、案情通报、案件移送等制度，实现行政处罚与刑事处罚无缝对接。公安机关要依法打击妨碍城市管理执法和暴力抗法行为，对涉嫌犯罪的，应当依照法定程序处理。检察机关、审判机关要加强法律指导，及时受理、审理涉及城市管理执法的案件。检察机关有权对城市管理部门在行政执法中发现涉嫌犯罪案件线索的移送情况进行监督，城市管理部门对于发现的涉嫌犯罪案件线索移送不畅的，可以向检察机关反映。加大城市管理执法行政处罚决定的行政和司法强制执行力度。

八、加强组织领导

（三十二）明确工作责任。加强党对城市管理工作的组织领导。各级党委和政府要充分认识推进城市管理执法体制改革、改进城市管理工作的重要性和紧迫性，把这项工作列入重要议事日程，按照有利于服务群众的原则，切实履行领导责任，研究重大问题，把握改革方向，分类分层推进。各省、自治区可以选择一个城市先行试点，直辖市可以全面启动改革工作。各省、自治区、直辖市政府要制定具体方案，明确时间步骤，细化政策措施，及时总结试点经验，稳妥有序推进改革。上级政府要加强对下级政府的指导和督促检查，重要事项及时向党委报告。中央和国家机关有关部门要增强大局意识、责任意识，加强协调配合，支持和指导地方推进改革工作。

（三十三）建立协调机制。建立全国城市管理工作部际联席会议制度，统筹协调解决制约城市管理工作的重大问题，以及相关部门职责衔接问题。各省、自治区政府应当建立相应的协调机制。市、县政府应当建立主要负责同志牵头的城市管理协调机制，加强对城市管理工作的组织协调、监督检查和考核奖惩。建立健全市、县相关部门之间信息互通、资源共享、协调联动的工作机制，形成管理和执法工作合力。

（三十四）健全考核制度。将城市管理执法工作纳入经济社会发展综合评价体系和领导干部政绩考核体系，推动地方党委、政府履职尽责。推广绩效管理和服务承诺制度，加快建立城市管理行政问责制度，健全社会公众满意度评价及第三方考评机制，形成公开、公平、公正的城市管理和综合执法工作考核奖惩制度体系。加强城市管理效能考核，将考核结果作为城市党政领导班子和领导干部综合考核评价的重要参考。

（三十五）严肃工作纪律。各级党委和政府要严格执行有关编制、人事、财经纪律，严禁在推进城市管理执法体制改革工作中超编进人、超职数配备领导干部、突击提拔干部。对违反规定的，要按规定追究有关单位和人员的责任。在职责划转、机构和人员编制整合调整过程中，应当按照有关规定衔接好人财物等要素，做好工作交接，保持工作的连续性和稳定性。涉及国有资产划转的，应做好资产清查工作，严格执行国有资产管理有关规定，确保国有资产安全完整。

（三十六）营造舆论环境。各级党委和政府要高度重视宣传和舆论引导工作，加强中央与地方的宣传联动，将改革实施与宣传工作协同推进，正确引导社会预期。加强对城市管理执法先进典型的正面宣传，营造理性、积极的舆论氛围，及时回应社会关切,凝聚改革共识。推进城市管理执法信息公开,保障市民的知情权、参与权、表达权、监督权。加强城市管理执法舆情监测、研判、预警和应急处置,提高舆情应对能力。

住房城乡建设部、中央编办、国务院法制办要及时总结各地经验,切实强化对推进城市管理执法体制改革、提高城市管理水平相关工作的协调指导和监督检查。重大问题要及时报告党中央、国务院。中央将就贯彻落实情况适时组织开展专项监督检查。

住房和城乡建设部关于巩固深化全国城市管理执法队伍"强基础、转作风、树形象"专项行动的通知

(2021年4月28日　建督〔2021〕37号)

各省、自治区住房和城乡建设厅，北京市城市管理委员会，天津市城市管理委员会，上海市住房和城乡建设管理委员会，重庆市城市管理局，新疆生产建设兵团住房和城乡建设局：

全国城市管理执法队伍"强基础、转作风、树形象"专项行动开展以来，队伍建设持续加强，作风明显改善，形象不断提升。为巩固深化"强基础、转作风、树形象"专项行动，进一步加强城市管理执法队伍建设，全面提升城市管理执法和服务水平，现就有关事项通知如下：

一、**总体要求**

以习近平新时代中国特色社会主义思想为指导，全面贯彻党的十九大和十九届二中、三中、四中、五中全会精神，坚持以人民为中心，以党的政治建设为统领，以队伍建设标准化、执法行为规范化、为民服务精准化为重点，补短板、强弱项、促提升，全面提升政治素质、管理水平、执法能力和服务质量，努力打造一支政治坚定、作风优良、纪律严明、廉洁务实的新时代城市管理执法队伍，不断提升人民群众获得感、幸福感、安全感。

二、主要任务

（一）提升政治素质。

一是加强思想政治建设。加强思想理论武装，持续深入学习贯彻习近平新时代中国特色社会主义思想，自觉做到"两个维护"。牢固树立执法为民理念，建立健全"不忘初心、牢记使命"主题教育长效机制，抓紧抓实党史学习教育等党内集中教育。加强思想政治工作，教育引导广大党员干部严守政治纪律和政治规矩，不断提高政治判断力、政治领悟力、政治执行力。注重融会贯通、学以致用，切实把学习成果转化为推动城市管理执法工作高质量发展的强大动力。

二是夯实基层党建基础。加强城市管理执法队伍基层党组织建设，推动党的基层组织在执法队伍中全覆盖。深入推进执法队伍基层党组织标准化规范化建设，严格落实"三会一课"等党的组织生活制度，创新基层党建工作，推动与社区、企业、社会组织党组织互联互动、联建共建。充分发挥基层党组织战斗堡垒和党员先锋模范作用，组织开展"争先创优""学习身边榜样"等活动，通过典型引路、示范引领，创建一批基层党建示范点，打造一批基层示范执法队，树立一批先进模范典型，激励广大执法队员担当新使命、展现新作为。

（二）提升队伍管理水平。

一是推进执法人员信息化管理。省级城市管理部门要加强组织统筹，利用信息化手段，加强城市管理执法人员统一管理，准确掌握执法人员基本情况。2022年底前，地级及以上城市要在城市运行管理服务平台上建立城市管理执法人员管理信息子系统，实现人员基本信息、执法证件、案件信息、岗位状态、装备配置等信息的采集录入并及时更新，夯实队伍精细化管理基础。

二是规范执法着装和装备管理。省级城市管理部门要建立城市管理执法制式服装和标志标识备案制度。市、县城市管理执法部门要加强执法着装管理，不得擅自扩大着装范围。各地要认真落实《城市管理执法装备配备指导标准（试行）》，加大执法车辆、执法记录仪、执法手持终端等装备资金投入力度，制定完善装备管理制度。推进执法办公执勤用房规范化建设，满足实际执法工作需要。

三是加强干部人才培养。建立执法人员教育培训体系，制定全国城市管理执法队伍培训大纲，建立常态化干部培训和轮训制度。省级城市管理部门负责本地区处级以上干部培训，处级以上干部每3年至少参加一次省级城市管理部门组织的培训。地级及以上城市的城市管理执法部门要分批分期组织开展全员培训。市、县城市管理执法部门要严格落实新招录执法人员初任培训制度，县（区）、乡镇（街道）执法队伍负责人应接受上一级城市管理执法部门组织的任职培训。各地要加强与党校、行政学院、高等学校合作，建立定点培训基地，定期开展业务知识、执法技能培训和岗位练兵活动，全面提高执法能力。

四是严格协管人员管理。2021年底前，市、县城市管理执法部门要制定本地区协管人员管理制度并指导实施，按照"谁使用、谁负责"原则，建立协管人员准入管理、岗位责任、教育培训、考核奖惩、岗位激励等制度，加强日常教育、管理和监督。协管人员只能配合执法人员从事宣传教育、巡查、信息收集、违法行为劝阻等辅助性事务，不得从事具体行政执法工作。

五是强化指导监督。省级城市管理部门要加强本地区城市管理执法队伍建设的指导、协调、监督和考核工作，建立健全业务指导、监督检查、评价考核和责任追究等机制。地级及以上城市的城市管理执法部门要加强对县（区）、乡镇（街道）城市管理执法队伍建设的指导、监督、考核，2022年底前出台监督考核办法和有关标准，明确专门的处（科）室负责实施，考核结果定期向县（区）人民政府通报。

（三）提升执法能力。

一是理清权责边界。各地要全面清理和优化执法事项，凡是没有法律法规规章依据的执法事项一律取消。健全权责清单制度，依法动态调整并及时向社会公布城市管理执法权力和责任清单，公开职能职责、执法依据、处罚标准、执法程序、监督途径和追责机制。地级及以上城市的城市管理执法部门要明确市、区执法权责边界，明确跨区域执法事项，避免交叉执法、重复执法。

二是推进执法规范化。各地要认真落实《城市管理执法行为规范》，制定城市管理执法规程，推进严格规范公正文明执法。规范执法资格管理，严格执行执法人员持证上岗制度，认真落实行政执法公示制度、执法全过程记录制度、重大执法决定法制审核制度。市、县城市管理执法部门要制定行政处罚自由裁量权基准，统一执法文书格式文本。加强现场执法管理，严禁随意采取强制执法措施，杜绝粗暴执法、过激执法，让执法既有力度，又有温度。规范执法信息公开，提高执法透明度和公信力。

三是改进执法方式。全面实施"721工作法",即70%的问题用服务手段解决,20%的问题用管理手段解决,10%的问题用执法手段解决。推广"非现场执法"等模式,充分利用视频监控设备、大数据共享等信息化手段发现违法问题,探索建立"前端及时发现+后端依法处置"的衔接机制,提高执法效率。加强城市管理执法领域信用监管,建立守信激励和失信惩戒机制。

四是强化源头治理。各地城市管理执法部门要与相关职能部门建立沟通协作机制,发挥执法工作在一线的优势,分析研判城市管理问题,及时以执法建议函、监管通知单等形式,向职能部门、责任单位和属地街道反馈,推动城市管理问题源头治理。加强与公安机关、检察机关、审判机关等部门衔接,建立信息共享、案情通报、案件移送等工作联动机制。

(四)提升服务质量。

一是积极推进"共同缔造"活动。充分发挥与群众紧密联系的优势,持续深入开展美好环境与幸福生活共同缔造活动。拓宽与群众交流渠道,通过微信公众号、市民服务热线、便民服务移动终端(APP)、开展"城管体验日"活动等多种方式,及时了解群众对城市管理执法工作的意见建议。深入开展"美丽小区""美丽街区"创建和"商户自治"等活动,激发群众参与城市管理工作的热情,共享城市人居环境建设成果。

二是推进"城管进社区"。建立城管进社区工作机制,依托城市运行管理服务平台,促进城市管理服务下沉。市、县城市管理执法部门要出台具体办法,推动城市管理执法和社区工作协同联动,建立社区居委会、城管队员、物业服务企业、居民代表四方共同参与的协调议事工作机制，统筹协调各有关部门，及时解决社区内城市管理领域违法违规问题。

三是开展"我为群众办实事"实践活动。贯彻执法为民理念，坚持民意导向、问题导向，持续开展"我为群众办实事"实践活动，每年都要聚焦人民群众反映强烈的城市管理领域突出问题和关键小事，研究提出具体举措。落实《城市市容市貌干净整洁有序安全标准（试行）》有关要求，有序开展市容环境专项整治，以"小切口"推动"大变化"，实现城市环境干净、整洁、有序、安全，让人民群众在城市生活得更方便、更舒心、更美好。

三、工作要求

（一）加强组织领导。各地要充分认识巩固深化"强基础、转作风、树形象"专项行动的重要意义，深刻认识到城市管理执法工作面广量大，一头连着政府，一头连着群众，直接关系到群众对党和政府的信任、对法治的信心。省级城市管理部门要对专项行动作出部署安排。市、县城市管理执法部门要制定具体实施方案，明确时间节点、具体任务、工作要求，狠抓落实。各地城市管理执法部门要主动向当地政府汇报，积极争取精神文明、司法、财政等部门支持，确保各项工作任务落地见效。

（二）健全工作机制。我部将加强专项行动的调研、指导和监督，及时总结推广地方经验，对表现突出的单位和个人予以表扬，对工作推动不力的予以通报批评，并将行动开展情况报中央精神文明建设指导委员会办公室。省级城市管理部门要加强专项行动的统筹、协调，强化督导落实，建立信息报送制度。省级城市管理部门要将本部门和所辖地级及以上城市专项行动的负责人和联络员名单于 2021 年 5 月底前报我部城市管理监督局。

（三）加强宣传引导。部城市管理监督局要及时搜集地方经验做法，宣传报道活动成效。中国建设报要切实发挥全国住房和城乡建设系统新闻宣传主阵地作用，设立专版，大力宣传。地方各级城市管理执法部门要全面落实"谁执法谁普法"普法责任制，深入挖掘推广基层经验，充分利用报刊、电视、广播、网络等媒体平台，加强舆情引导，加大对城市管理执法工作和先进典型的宣传力度，讲好城管故事，充分展现新时代城市管理执法队伍良好精神风貌。

住房城乡建设部关于印发
城市管理执法行为规范的通知

（建督〔2018〕77号）

各省、自治区住房城乡建设厅，北京市城市管理委员会、城市管理综合行政执法局，天津市市容园林管理委员会，上海市住房城乡建设管理委员会，重庆市城市管理委员会，新疆生产建设兵团住房城乡建设局：

为贯彻落实《中共中央国务院关于深入推进城市执法体制改革改进城市管理工作的指导意见》要求，规范城市管理执法行为，推进严格规范公正文明执法，我部制定了《城市管理执法行为规范》，现印发给你们，请遵照执行。

住房城乡建设部
2018年9月5日

城市管理执法行为规范

第一章 总 则

第一条 为规范城市管理执法行为，推进严格规范公正文明执法，根据《中华人民共和国行政处罚法》《中华人民共和国公务员法》等相关法律法规，制定本规范。

第二条 城市管理执法人员从事行政检查、行政强制、行政处罚等执法活动，应当遵守本规范。

第三条 城市管理执法应当以习近平新时代中国特色社会主义思想为行动指南，遵循以人民为中心的发展思想，践行社会主义核心价值观，坚持严格规范公正文明执法，坚持处罚与教育相结合，坚持执法效果与社会效果相统一，自觉接受监督。

第四条 城市管理执法人员应当牢固树立"四个意识"，坚决维护习近平总书记党中央的核心、全党的核心地位，坚决维护党中央权威和集中统一领导，自觉在思想上政治上行动上同以习近平同志为核心的党中央保持高度一致。

第五条 城市管理执法人员应当爱岗敬业、恪尽职守、团结协作、勇于担当、服从指挥，自觉维护城市管理执法队伍的尊严和形象。

第二章 执法纪律

第六条 城市管理执法人员应当坚定执行党的政治路线，

严格遵守政治纪律和政治规矩。

第七条 城市管理执法人员应当严格遵守廉洁纪律，坚持公私分明、崇廉拒腐、干净做事，维护群众利益，不得从事违反廉洁纪律的活动。

第八条 城市管理执法人员应当依据法定权限、范围、程序、时限履行职责，不得有下列行为：

（一）选择性执法；

（二）威胁、辱骂、殴打行政相对人；

（三）工作期间饮酒，酒后执勤、值班；

（四）为行政相对人通风报信、隐瞒证据、开脱责任；

（五）打击报复行政相对人；

（六）其他违反工作纪律的行为。

城市管理执法人员与行政相对人有直接利害关系或可能影响公正执法的关系时，应当回避。

第三章 办案规范

第九条 城市管理执法人员应当采取文字、音像等方式对城市管理执法全过程进行记录，实现可回溯管理。

第十条 城市管理执法人员实施执法时，应当出示行政执法证件，告知行政相对人权利和义务。

第十一条 城市管理执法人员应当依法、全面、客观、公正调查取证。

调查取证时，城市管理执法人员不得少于两人。

第十二条 城市管理执法人员应当依法实施证据先行登记

保存或查封场所设施、扣押财物。

对先行登记保存或扣押的财物，城市管理执法人员应当妥善保管，不得使用、截留、损毁或者擅自处置。

第四章 装备使用规范

第十三条 城市管理执法人员使用执法车辆，应当遵守道路交通安全法律法规，保持车辆完好、整洁。禁止公车私用。

非工作需要，不得将执法车辆停放在公共娱乐场所、餐馆酒楼等区域。

第十四条 城市管理执法人员实施执法时，应当按照规范使用通讯设备，保持工作联络畅通，不得超出工作范围使用通讯设备。

第十五条 城市管理执法人员实施执法时，应当开启音像设备，不间断记录执法过程，及时完整存储执法音像资料，不得删改、外传原始记录。

第五章 着装规范

第十六条 城市管理执法人员实施执法时，应当穿着统一的制式服装，佩戴统一的标志标识。

第十七条 城市管理制式服装应当成套规范穿着，保持整洁完好，不得与便服混穿，不得披衣、敞怀、挽袖、卷裤腿。

第十八条 城市管理执法人员应当按规定佩戴帽徽、肩章、领花、臂章、胸徽、胸号等标志标识,不得佩戴与执法身份不符的其它标志标识或饰品。

第六章 仪容举止和语言规范

第十九条 城市管理执法人员应当保持头发整洁,不得染彩发。男性城市管理执法人员不得留长发、烫卷发、剃光头和蓄胡须。女性城市管理执法人员实施执法时应当束发,发垂不得过肩。

第二十条 城市管理执法人员实施执法时,应当举止端庄、姿态良好、行为得体,不得边走边吃东西、扇扇子;不得在公共场所或者其他禁止吸烟的场所吸烟;不得背手、袖手、插兜、搭肩、挽臂、揽腰;不得嬉笑打闹、高声喧哗。

第二十一条 城市管理执法人员实施执法时,应当先向行政相对人敬举手礼。

第二十二条 城市管理执法人员应当礼貌待人,语言文明规范,不得对行政相对人使用粗俗、歧视、训斥、侮辱以及威胁性语言。

第二十三条 城市管理执法人员实施执法时,一般使用普通话,也可以根据行政相对人情况,使用容易沟通的语言。

第七章 实施和监督

第二十四条 市县人民政府城市管理执法部门是本规范实

施的责任主体，应当组织辖区内城市管理执法人员学习、训练，在实施执法时严格执行本规范。

第二十五条　市县人民政府城市管理执法部门应当加强城市管理执法人员执行规范情况的监督检查，纠正违反本规范的行为，视情节轻重对违反规范的有关人员进行处理。

省级人民政府城市管理执法部门应当加强市县城市管理执法部门组织实施规范情况的监督，定期开展监督检查和考核评价。对组织实施不力的，视情况给予通报批评或实施约谈。

国务院城市管理主管部门负责监督全国城市管理执法部门落实本规范工作情况。

第二十六条　市县人民政府城市管理执法部门应当采取设立举报电话、信箱等方式，畅通群众投诉举报城市管理执法行为的渠道。

第二十七条　城市管理执法人员有违反本规范情形的，由市县人民政府城市管理执法部门责令改正，给予批评教育；其中，违反执法纪律、办案规范、装备使用规范应予处分的，由处分决定机关根据情节轻重，给予处分；构成犯罪的，依法追究刑事责任。

第二十八条　对执行本规范表现突出的单位和个人，应当给予表扬，同等条件下优先推荐评选先进集体、青年文明号、文明单位或先进工作者、劳动模范等。

评选国家园林城市、中国人居环境奖，同等条件下优先考虑执行本规范表现突出的城市。近两年发生违反本规范行为并造成恶劣社会影响的城市，不纳入评选范围。

国务院城市管理主管部门在参与评选文明城市工作中，应当综合考虑参选城市执行本规范情况，对近两年发生违反本规范行为并造成恶劣社会影响的城市，应当提出否定意见。

第八章　附　　则

第二十九条　本规范由住房城乡建设部负责解释。地方各级人民政府城市管理执法部门可以根据本规范制定实施细则。

第三十条　城市管理执法协管人员从事辅助性执法活动，参照本规范执行。

第三十一条　本规范自 2018 年 10 月 1 日起实施。

住房城乡建设部关于做好城市管理执法车辆保障工作的通知

(2016年10月26日　建督〔2016〕233号)

各省、自治区住房城乡建设厅，直辖市城市管理主管部门及有关部门，新疆生产建设兵团建设局：

按照公务用车制度改革既定工作安排，各地公务用车制度改革工作正在全面深入推进。各地城市管理部门要按照中央公务用车制度改革要求做好相关工作。根据城市管理执法体制改革和中央公务用车制度改革精神，现就做好城市管理执法车辆保障有关工作通知如下：

一、切实做好城市管理执法体制改革与公务用车制度改革的衔接。各地要根据《中共中央国务院关于深入推进城市执法体制改革改进城市管理工作的指导意见》关于"根据执法工作需要，统一制式服装和标志标识，制定执法执勤用车、装备配备标准"的要求，按照《中共中央办公厅国务院办公厅印发〈关于全面推进公务用车制度改革的指导意见〉的通知》和本地区公务用车制度改革实施方案的有关精神，做好城市管理执法体制改革与公务用车制度改革的衔接，推进两项改革任务的顺利实施。

二、切实做好城市管理执法车辆保障工作。在全国城市管理执法执勤用车、装备配备标准出台前，各地在公务用车制度改革工作中，应本着改革与保障并重的原则，在从严控制总量的前提下，针对城市管理执法工作场所主要在街头、路边，工作形式主要是巡逻、检查，执法任务繁重的特点，科学核定和优化配置城市管理部门执法车辆，切实保障城市管理执法工作正常有序开展。

各地城市管理部门对于公务用车制度改革中遇到的困难和问题，要及时向我部反映。

住房城乡建设部城市管理监督局关于推行城市管理执法全过程记录工作的通知

(2016年11月8日　建督综函〔2016〕1号)

各省、自治区住房城乡建设厅，直辖市城市管理主管部门及有关部门，新疆生产建设兵团建设局：

为贯彻落实《中共中央国务院关于深入推进城市执法体制改革改进城市管理工作的指导意见》精神，促进严格规范公正文明执法，决定在县级以上城市管理部门推行城市管理执法全过程记录工作。现就有关事项通知如下：

一、推行执法全过程记录

各地城市管理部门要通过文字、音像等记录方式，对执法活动全过程进行记录，客观、公正、完整地记录执法工作情况和相关证据，实现全过程留痕和可回溯管理。规范执法文书的制作和使用，确保执法文书和案卷完整准确、合法规范。合理配备并使用执法记录仪等现场执法记录设备和视音频资料传输、存储、等设备。对现场执法活动中容易引发争议和纠纷的，应当实行全过程音像记录。

二、推进信息化建设

积极利用大数据、云计算、物联网等信息技术，结合数字化城市管理平台建设和办公自动化系统建设等，探索成本低、效果好、易保存、不能删改的音像记录方式，提高执法记录的信息化水平。做好执法文书和视音频资料的管理和存储,逐步实现与数字化城市管理信息系统关联共享。

三、注重记录工作实效

建立健全执法全过程记录保存、管理、使用等工作制度。定期组织对执法文书和视音频资料进行抽查检查。充分发挥全过程记录信息在案卷评查、数据统计分析、执法监督等工作中的作用。

各地要充分认识推行城市管理执法全过程记录工作的重要意义,切实落实工作要求,配备相关仪器设备,严格规范记录行为,妥善保管使用记录信息,确保执法全过程记录工作有效推行。

三、相关法律

中华人民共和国行政处罚法

（1996年3月17日第八届全国人民代表大会第四次会议通过　根据2009年8月27日第十一届全国人民代表大会常务委员会第十次会议《关于修改部分法律的决定》第一次修正　根据2017年9月1日第十二届全国人民代表大会常务委员会第二十九次会议《关于修改〈中华人民共和国法官法〉等八部法律的决定》第二次修正　2021年1月22日第十三届全国人民代表大会常务委员会第二十五次会议修订　2021年1月22日中华人民共和国主席令第70号公布　自2021年7月15日起施行）

目　录

第一章　总　则
第二章　行政处罚的种类和设定
第三章　行政处罚的实施机关
第四章　行政处罚的管辖和适用

第五章　行政处罚的决定
　第一节　一般规定
　第二节　简易程序
　第三节　普通程序
　第四节　听证程序
第六章　行政处罚的执行
第七章　法律责任
第八章　附　　则

第一章　总　　则

第一条　为了规范行政处罚的设定和实施，保障和监督行政机关有效实施行政管理，维护公共利益和社会秩序，保护公民、法人或者其他组织的合法权益，根据宪法，制定本法。

第二条　行政处罚是指行政机关依法对违反行政管理秩序的公民、法人或者其他组织，以减损权益或者增加义务的方式予以惩戒的行为。

第三条　行政处罚的设定和实施，适用本法。

第四条　公民、法人或者其他组织违反行政管理秩序的行为，应当给予行政处罚的，依照本法由法律、法规、规章规定，并由行政机关依照本法规定的程序实施。

第五条　行政处罚遵循公正、公开的原则。

设定和实施行政处罚必须以事实为依据，与违法行为的事实、性质、情节以及社会危害程度相当。

对违法行为给予行政处罚的规定必须公布；未经公布的，不得作为行政处罚的依据。

第六条 实施行政处罚，纠正违法行为，应当坚持处罚与教育相结合，教育公民、法人或者其他组织自觉守法。

第七条 公民、法人或者其他组织对行政机关所给予的行政处罚，享有陈述权、申辩权；对行政处罚不服的，有权依法申请行政复议或者提起行政诉讼。

公民、法人或者其他组织因行政机关违法给予行政处罚受到损害的，有权依法提出赔偿要求。

第八条 公民、法人或者其他组织因违法行为受到行政处罚，其违法行为对他人造成损害的，应当依法承担民事责任。

违法行为构成犯罪，应当依法追究刑事责任的，不得以行政处罚代替刑事处罚。

第二章 行政处罚的种类和设定

第九条 行政处罚的种类：

（一）警告、通报批评；

（二）罚款、没收违法所得、没收非法财物；

（三）暂扣许可证件、降低资质等级、吊销许可证件；

（四）限制开展生产经营活动、责令停产停业、责令关闭、限制从业；

（五）行政拘留；

（六）法律、行政法规规定的其他行政处罚。

第十条 法律可以设定各种行政处罚。

限制人身自由的行政处罚,只能由法律设定。

第十一条 行政法规可以设定除限制人身自由以外的行政处罚。

法律对违法行为已经作出行政处罚规定,行政法规需要作出具体规定的,必须在法律规定的给予行政处罚的行为、种类和幅度的范围内规定。

法律对违法行为未作出行政处罚规定,行政法规为实施法律,可以补充设定行政处罚。拟补充设定行政处罚的,应当通过听证会、论证会等形式广泛听取意见,并向制定机关作出书面说明。行政法规报送备案时,应当说明补充设定行政处罚的情况。

第十二条 地方性法规可以设定除限制人身自由、吊销营业执照以外的行政处罚。

法律、行政法规对违法行为已经作出行政处罚规定,地方性法规需要作出具体规定的,必须在法律、行政法规规定的给予行政处罚的行为、种类和幅度的范围内规定。

法律、行政法规对违法行为未作出行政处罚规定,地方性法规为实施法律、行政法规,可以补充设定行政处罚。拟补充设定行政处罚的,应当通过听证会、论证会等形式广泛听取意见,并向制定机关作出书面说明。地方性法规报送备案时,应当说明补充设定行政处罚的情况。

第十三条 国务院部门规章可以在法律、行政法规规定的给予行政处罚的行为、种类和幅度的范围内作出具体规定。

尚未制定法律、行政法规的,国务院部门规章对违反行政管理秩序的行为,可以设定警告、通报批评或者一定数额罚款的行政处罚。罚款的限额由国务院规定。

第十四条 地方政府规章可以在法律、法规规定的给予行政处罚的行为、种类和幅度的范围内作出具体规定。

尚未制定法律、法规的，地方政府规章对违反行政管理秩序的行为，可以设定警告、通报批评或者一定数额罚款的行政处罚。罚款的限额由省、自治区、直辖市人民代表大会常务委员会规定。

第十五条 国务院部门和省、自治区、直辖市人民政府及其有关部门应当定期组织评估行政处罚的实施情况和必要性，对不适当的行政处罚事项及种类、罚款数额等，应当提出修改或者废止的建议。

第十六条 除法律、法规、规章外，其他规范性文件不得设定行政处罚。

第三章　行政处罚的实施机关

第十七条 行政处罚由具有行政处罚权的行政机关在法定职权范围内实施。

第十八条 国家在城市管理、市场监管、生态环境、文化市场、交通运输、应急管理、农业等领域推行建立综合行政执法制度，相对集中行政处罚权。

国务院或者省、自治区、直辖市人民政府可以决定一个行政机关行使有关行政机关的行政处罚权。

限制人身自由的行政处罚权只能由公安机关和法律规定的其他机关行使。

第十九条 法律、法规授权的具有管理公共事务职能的组织可以在法定授权范围内实施行政处罚。

第二十条 行政机关依照法律、法规、规章的规定，可以在其法定权限内书面委托符合本法第二十一条规定条件的组织实施行政处罚。行政机关不得委托其他组织或者个人实施行政处罚。

委托书应当载明委托的具体事项、权限、期限等内容。委托行政机关和受委托组织应当将委托书向社会公布。

委托行政机关对受委托组织实施行政处罚的行为应当负责监督，并对该行为的后果承担法律责任。

受委托组织在委托范围内，以委托行政机关名义实施行政处罚；不得再委托其他组织或者个人实施行政处罚。

第二十一条 受委托组织必须符合以下条件：

（一）依法成立并具有管理公共事务职能；

（二）有熟悉有关法律、法规、规章和业务并取得行政执法资格的工作人员；

（三）需要进行技术检查或者技术鉴定的，应当有条件组织进行相应的技术检查或者技术鉴定。

第四章 行政处罚的管辖和适用

第二十二条 行政处罚由违法行为发生地的行政机关管辖。法律、行政法规、部门规章另有规定的，从其规定。

第二十三条 行政处罚由县级以上地方人民政府具有行政处罚权的行政机关管辖。法律、行政法规另有规定的，从其规定。

第二十四条 省、自治区、直辖市根据当地实际情况，可以决定将基层管理迫切需要的县级人民政府部门的行政处罚权交由能够有效承接的乡镇人民政府、街道办事处行使，并定期组织评估。决定应当公布。

承接行政处罚权的乡镇人民政府、街道办事处应当加强执法能力建设，按照规定范围、依照法定程序实施行政处罚。

有关地方人民政府及其部门应当加强组织协调、业务指导、执法监督，建立健全行政处罚协调配合机制，完善评议、考核制度。

第二十五条　两个以上行政机关都有管辖权的，由最先立案的行政机关管辖。

对管辖发生争议的，应当协商解决，协商不成的，报请共同的上一级行政机关指定管辖；也可以直接由共同的上一级行政机关指定管辖。

第二十六条　行政机关因实施行政处罚的需要，可以向有关机关提出协助请求。协助事项属于被请求机关职权范围内的，应当依法予以协助。

第二十七条　违法行为涉嫌犯罪的，行政机关应当及时将案件移送司法机关，依法追究刑事责任。对依法不需要追究刑事责任或者免予刑事处罚，但应当给予行政处罚的，司法机关应当及时将案件移送有关行政机关。

行政处罚实施机关与司法机关之间应当加强协调配合，建立健全案件移送制度，加强证据材料移交、接收衔接，完善案件处理信息通报机制。

第二十八条　行政机关实施行政处罚时，应当责令当事人改正或者限期改正违法行为。

当事人有违法所得,除依法应当退赔的外,应当予以没收。违法所得是指实施违法行为所取得的款项。法律、行政法规、部门规章对违法所得的计算另有规定的,从其规定。

第二十九条 对当事人的同一个违法行为,不得给予两次以上罚款的行政处罚。同一个违法行为违反多个法律规范应当给予罚款处罚的,按照罚款数额高的规定处罚。

第三十条 不满十四周岁的未成年人有违法行为的,不予行政处罚,责令监护人加以管教;已满十四周岁不满十八周岁的未成年人有违法行为的,应当从轻或者减轻行政处罚。

第三十一条 精神病人、智力残疾人在不能辨认或者不能控制自己行为时有违法行为的,不予行政处罚,但应当责令其监护人严加看管和治疗。间歇性精神病人在精神正常时有违法行为的,应当给予行政处罚。尚未完全丧失辨认或者控制自己行为能力的精神病人、智力残疾人有违法行为的,可以从轻或者减轻行政处罚。

第三十二条 当事人有下列情形之一,应当从轻或者减轻行政处罚:

(一)主动消除或者减轻违法行为危害后果的;

(二)受他人胁迫或者诱骗实施违法行为的;

(三)主动供述行政机关尚未掌握的违法行为的;

(四)配合行政机关查处违法行为有立功表现的;

(五)法律、法规、规章规定其他应当从轻或者减轻行政处罚的。

第三十三条 违法行为轻微并及时改正,没有造成危害后果的,不予行政处罚。初次违法且危害后果轻微并及时改正的，可以不予行政处罚。

当事人有证据足以证明没有主观过错的，不予行政处罚。法律、行政法规另有规定的，从其规定。

对当事人的违法行为依法不予行政处罚的，行政机关应当对当事人进行教育。

第三十四条 行政机关可以依法制定行政处罚裁量基准，规范行使行政处罚裁量权。行政处罚裁量基准应当向社会公布。

第三十五条 违法行为构成犯罪，人民法院判处拘役或者有期徒刑时，行政机关已经给予当事人行政拘留的，应当依法折抵相应刑期。

违法行为构成犯罪，人民法院判处罚金时，行政机关已经给予当事人罚款的，应当折抵相应罚金；行政机关尚未给予当事人罚款的，不再给予罚款。

第三十六条 违法行为在二年内未被发现的，不再给予行政处罚；涉及公民生命健康安全、金融安全且有危害后果的，上述期限延长至五年。法律另有规定的除外。

前款规定的期限，从违法行为发生之日起计算；违法行为有连续或者继续状态的，从行为终了之日起计算。

第三十七条 实施行政处罚，适用违法行为发生时的法律、法规、规章的规定。但是，作出行政处罚决定时，法律、法规、规章已被修改或者废止，且新的规定处罚较轻或者不认为是违法的，适用新的规定。

第三十八条 行政处罚没有依据或者实施主体不具有行政主体资格的，行政处罚无效。

违反法定程序构成重大且明显违法的，行政处罚无效。

第五章 行政处罚的决定

第一节 一般规定

第三十九条 行政处罚的实施机关、立案依据、实施程序和救济渠道等信息应当公示。

第四十条 公民、法人或者其他组织违反行政管理秩序的行为，依法应当给予行政处罚的，行政机关必须查明事实；违法事实不清、证据不足的，不得给予行政处罚。

第四十一条 行政机关依照法律、行政法规规定利用电子技术监控设备收集、固定违法事实的，应当经过法制和技术审核，确保电子技术监控设备符合标准、设置合理、标志明显，设置地点应当向社会公布。

电子技术监控设备记录违法事实应当真实、清晰、完整、准确。行政机关应当审核记录内容是否符合要求；未经审核或者经审核不符合要求的，不得作为行政处罚的证据。

行政机关应当及时告知当事人违法事实，并采取信息化手段或者其他措施，为当事人查询、陈述和申辩提供便利。不得限制或者变相限制当事人享有的陈述权、申辩权。

第四十二条 行政处罚应当由具有行政执法资格的执法人员实施。执法人员不得少于两人，法律另有规定的除外。

执法人员应当文明执法，尊重和保护当事人合法权益。

第四十三条 执法人员与案件有直接利害关系或者有其他

关系可能影响公正执法的,应当回避。

当事人认为执法人员与案件有直接利害关系或者有其他关系可能影响公正执法的,有权申请回避。

当事人提出回避申请的,行政机关应当依法审查,由行政机关负责人决定。决定作出之前,不停止调查。

第四十四条　行政机关在作出行政处罚决定之前,应当告知当事人拟作出的行政处罚内容及事实、理由、依据,并告知当事人依法享有的陈述、申辩、要求听证等权利。

第四十五条　当事人有权进行陈述和申辩。行政机关必须充分听取当事人的意见,对当事人提出的事实、理由和证据,应当进行复核;当事人提出的事实、理由或者证据成立的,行政机关应当采纳。

行政机关不得因当事人陈述、申辩而给予更重的处罚。

第四十六条　证据包括:

(一)书证;

(二)物证;

(三)视听资料;

(四)电子数据;

(五)证人证言;

(六)当事人的陈述;

(七)鉴定意见;

(八)勘验笔录、现场笔录。

证据必须经查证属实,方可作为认定案件事实的根据。

以非法手段取得的证据,不得作为认定案件事实的根据。

第四十七条　行政机关应当依法以文字、音像等形式,对行政处罚的启动、调查取证、审核、决定、送达、执行等进行全过程记录,归档保存。

第四十八条 具有一定社会影响的行政处罚决定应当依法公开。

公开的行政处罚决定被依法变更、撤销、确认违法或者确认无效的,行政机关应当在三日内撤回行政处罚决定信息并公开说明理由。

第四十九条 发生重大传染病疫情等突发事件,为了控制、减轻和消除突发事件引起的社会危害,行政机关对违反突发事件应对措施的行为,依法快速、从重处罚。

第五十条 行政机关及其工作人员对实施行政处罚过程中知悉的国家秘密、商业秘密或者个人隐私,应当依法予以保密。

第二节 简易程序

第五十一条 违法事实确凿并有法定依据,对公民处以二百元以下、对法人或者其他组织处以三千元以下罚款或者警告的行政处罚的,可以当场作出行政处罚决定。法律另有规定的,从其规定。

第五十二条 执法人员当场作出行政处罚决定的,应当向当事人出示执法证件,填写预定格式、编有号码的行政处罚决定书,并当场交付当事人。当事人拒绝签收的,应当在行政处罚决定书上注明。

前款规定的行政处罚决定书应当载明当事人的违法行为,行政处罚的种类和依据、罚款数额、时间、地点,申请行政复议、提起行政诉讼的途径和期限以及行政机关名称,并由执法人员签名或者盖章。

执法人员当场作出的行政处罚决定,应当报所属行政机关备案。

第五十三条 对当场作出的行政处罚决定,当事人应当依照本法第六十七条至第六十九条的规定履行。

第三节 普通程序

第五十四条 除本法第五十一条规定的可以当场作出的行政处罚外,行政机关发现公民、法人或者其他组织有依法应当给予行政处罚的行为的,必须全面、客观、公正地调查,收集有关证据;必要时,依照法律、法规的规定,可以进行检查。

符合立案标准的,行政机关应当及时立案。

第五十五条 执法人员在调查或者进行检查时,应当主动向当事人或者有关人员出示执法证件。当事人或者有关人员有权要求执法人员出示执法证件。执法人员不出示执法证件的,当事人或者有关人员有权拒绝接受调查或者检查。

当事人或者有关人员应当如实回答询问,并协助调查或者检查,不得拒绝或者阻挠。询问或者检查应当制作笔录。

第五十六条 行政机关在收集证据时,可以采取抽样取证的方法;在证据可能灭失或者以后难以取得的情况下,经行政机关负责人批准,可以先行登记保存,并应当在七日内及时作出处理决定,在此期间,当事人或者有关人员不得销毁或者转移证据。

第五十七条 调查终结，行政机关负责人应当对调查结果进行审查，根据不同情况，分别作出如下决定：

（一）确有应受行政处罚的违法行为的，根据情节轻重及具体情况，作出行政处罚决定；

（二）违法行为轻微，依法可以不予行政处罚的，不予行政处罚；

（三）违法事实不能成立的，不予行政处罚；

（四）违法行为涉嫌犯罪的，移送司法机关。

对情节复杂或者重大违法行为给予行政处罚，行政机关负责人应当集体讨论决定。

第五十八条 有下列情形之一，在行政机关负责人作出行政处罚的决定之前，应当由从事行政处罚决定法制审核的人员进行法制审核；未经法制审核或者审核未通过的，不得作出决定：

（一）涉及重大公共利益的；

（二）直接关系当事人或者第三人重大权益，经过听证程序的；

（三）案件情况疑难复杂、涉及多个法律关系的；

（四）法律、法规规定应当进行法制审核的其他情形。

行政机关中初次从事行政处罚决定法制审核的人员，应当通过国家统一法律职业资格考试取得法律职业资格。

第五十九条 行政机关依照本法第五十七条的规定给予行政处罚，应当制作行政处罚决定书。行政处罚决定书应当载明下列事项：

（一）当事人的姓名或者名称、地址；

（二）违反法律、法规、规章的事实和证据；

（三）行政处罚的种类和依据；

（四）行政处罚的履行方式和期限；

（五）申请行政复议、提起行政诉讼的途径和期限；

（六）作出行政处罚决定的行政机关名称和作出决定的日期。

行政处罚决定书必须盖有作出行政处罚决定的行政机关的印章。

第六十条 行政机关应当自行政处罚案件立案之日起九十日内作出行政处罚决定。法律、法规、规章另有规定的，从其规定。

第六十一条 行政处罚决定书应当在宣告后当场交付当事人；当事人不在场的，行政机关应当在七日内依照《中华人民共和国民事诉讼法》的有关规定，将行政处罚决定书送达当事人。

当事人同意并签订确认书的，行政机关可以采用传真、电子邮件等方式，将行政处罚决定书等送达当事人。

第六十二条 行政机关及其执法人员在作出行政处罚决定之前，未依照本法第四十四条、第四十五条的规定向当事人告知拟作出的行政处罚内容及事实、理由、依据，或者拒绝听取当事人的陈述、申辩，不得作出行政处罚决定；当事人明确放弃陈述或者申辩权利的除外。

第四节 听证程序

第六十三条 行政机关拟作出下列行政处罚决定，应当告

知当事人有要求听证的权利,当事人要求听证的,行政机关应当组织听证:

(一) 较大数额罚款;

(二) 没收较大数额违法所得、没收较大价值非法财物;

(三) 降低资质等级、吊销许可证件;

(四) 责令停产停业、责令关闭、限制从业;

(五) 其他较重的行政处罚;

(六) 法律、法规、规章规定的其他情形。

当事人不承担行政机关组织听证的费用。

第六十四条 听证应当依照以下程序组织:

(一) 当事人要求听证的,应当在行政机关告知后五日内提出;

(二) 行政机关应当在举行听证的七日前,通知当事人及有关人员听证的时间、地点;

(三) 除涉及国家秘密、商业秘密或者个人隐私依法予以保密外,听证公开举行;

(四) 听证由行政机关指定的非本案调查人员主持;当事人认为主持人与本案有直接利害关系的,有权申请回避;

(五) 当事人可以亲自参加听证,也可以委托一至二人代理;

(六) 当事人及其代理人无正当理由拒不出席听证或者未经许可中途退出听证的,视为放弃听证权利,行政机关终止听证;

(七) 举行听证时,调查人员提出当事人违法的事实、证据和行政处罚建议,当事人进行申辩和质证;

（八）听证应当制作笔录。笔录应当交当事人或者其代理人核对无误后签字或者盖章。当事人或者其代理人拒绝签字或者盖章的，由听证主持人在笔录中注明。

第六十五条　听证结束后，行政机关应当根据听证笔录，依照本法第五十七条的规定，作出决定。

第六章　行政处罚的执行

第六十六条　行政处罚决定依法作出后，当事人应当在行政处罚决定书载明的期限内，予以履行。

当事人确有经济困难，需要延期或者分期缴纳罚款的，经当事人申请和行政机关批准，可以暂缓或者分期缴纳。

第六十七条　作出罚款决定的行政机关应当与收缴罚款的机构分离。

除依照本法第六十八条、第六十九条的规定当场收缴的罚款外，作出行政处罚决定的行政机关及其执法人员不得自行收缴罚款。

当事人应当自收到行政处罚决定书之日起十五日内，到指定的银行或者通过电子支付系统缴纳罚款。银行应当收受罚款，并将罚款直接上缴国库。

第六十八条　依照本法第五十一条的规定当场作出行政处罚决定，有下列情形之一，执法人员可以当场收缴罚款：

（一）依法给予一百元以下罚款的；

（二）不当场收缴事后难以执行的。

第六十九条　在边远、水上、交通不便地区，行政机关及其执法人员依照本法第五十一条、第五十七条的规定作出罚款决定后,当事人到指定的银行或者通过电子支付系统缴纳罚款确有困难,经当事人提出,行政机关及其执法人员可以当场收缴罚款。

第七十条 行政机关及其执法人员当场收缴罚款的,必须向当事人出具国务院财政部门或者省、自治区、直辖市人民政府财政部门统一制发的专用票据;不出具财政部门统一制发的专用票据的,当事人有权拒绝缴纳罚款。

第七十一条 执法人员当场收缴的罚款,应当自收缴罚款之日起二日内,交至行政机关;在水上当场收缴的罚款,应当自抵岸之日起二日内交至行政机关;行政机关应当在二日内将罚款缴付指定的银行。

第七十二条 当事人逾期不履行行政处罚决定的,作出行政处罚决定的行政机关可以采取下列措施:

(一)到期不缴纳罚款的,每日按罚款数额的百分之三加处罚款,加处罚款的数额不得超出罚款的数额;

(二)根据法律规定,将查封、扣押的财物拍卖、依法处理或者将冻结的存款、汇款划拨抵缴罚款;

(三)根据法律规定,采取其他行政强制执行方式;

(四)依照《中华人民共和国行政强制法》的规定申请人民法院强制执行。

行政机关批准延期、分期缴纳罚款的,申请人民法院强制执行的期限,自暂缓或者分期缴纳罚款期限结束之日起计算。

第七十三条 当事人对行政处罚决定不服,申请行政复议或者提起行政诉讼的，行政处罚不停止执行，法律另有规定的除外。

当事人对限制人身自由的行政处罚决定不服，申请行政复议或者提起行政诉讼的，可以向作出决定的机关提出暂缓执行申请。符合法律规定情形的，应当暂缓执行。

当事人申请行政复议或者提起行政诉讼的，加处罚款的数额在行政复议或者行政诉讼期间不予计算。

第七十四条 除依法应当予以销毁的物品外，依法没收的非法财物必须按照国家规定公开拍卖或者按照国家有关规定处理。

罚款、没收的违法所得或者没收非法财物拍卖的款项，必须全部上缴国库，任何行政机关或者个人不得以任何形式截留、私分或者变相私分。

罚款、没收的违法所得或者没收非法财物拍卖的款项，不得同作出行政处罚决定的行政机关及其工作人员的考核、考评直接或者变相挂钩。除依法应当退还、退赔的外，财政部门不得以任何形式向作出行政处罚决定的行政机关返还罚款、没收的违法所得或者没收非法财物拍卖的款项。

第七十五条 行政机关应当建立健全对行政处罚的监督制度。县级以上人民政府应当定期组织开展行政执法评议、考核，加强对行政处罚的监督检查，规范和保障行政处罚的实施。

行政机关实施行政处罚应当接受社会监督。公民、法人或者其他组织对行政机关实施行政处罚的行为，有权申诉或者检举；行政机关应当认真审查，发现有错误的，应当主动改正。

第七章 法律责任

第七十六条 行政机关实施行政处罚，有下列情形之一，由上级行政机关或者有关机关责令改正，对直接负责的主管人员和其他直接责任人员依法给予处分：

（一）没有法定的行政处罚依据的；

（二）擅自改变行政处罚种类、幅度的；

（三）违反法定的行政处罚程序的；

（四）违反本法第二十条关于委托处罚的规定的；

（五）执法人员未取得执法证件的。

行政机关对符合立案标准的案件不及时立案的，依照前款规定予以处理。

第七十七条 行政机关对当事人进行处罚不使用罚款、没收财物单据或者使用非法定部门制发的罚款、没收财物单据的，当事人有权拒绝，并有权予以检举，由上级行政机关或者有关机关对使用的非法单据予以收缴销毁，对直接负责的主管人员和其他直接责任人员依法给予处分。

第七十八条 行政机关违反本法第六十七条的规定自行收缴罚款的，财政部门违反本法第七十四条的规定向行政机关返还罚款、没收的违法所得或者拍卖款项的，由上级行政机关或者有关机关责令改正，对直接负责的主管人员和其他直接责任人员依法给予处分。

第七十九条 行政机关截留、私分或者变相私分罚款、没收的违法所得或者财物的，由财政部门或者有关机关予以追缴，对直接负责的主管人员和其他直接责任人员依法给予处分；情节严重构成犯罪的，依法追究刑事责任。

执法人员利用职务上的便利，索取或者收受他人财物、将收缴罚款据为己有，构成犯罪的，依法追究刑事责任；情节轻微不构成犯罪的，依法给予处分。

第八十条　行政机关使用或者损毁查封、扣押的财物，对当事人造成损失的，应当依法予以赔偿，对直接负责的主管人员和其他直接责任人员依法给予处分。

第八十一条　行政机关违法实施检查措施或者执行措施，给公民人身或者财产造成损害、给法人或者其他组织造成损失的，应当依法予以赔偿，对直接负责的主管人员和其他直接责任人员依法给予处分；情节严重构成犯罪的，依法追究刑事责任。

第八十二条　行政机关对应当依法移交司法机关追究刑事责任的案件不移交，以行政处罚代替刑事处罚，由上级行政机关或者有关机关责令改正，对直接负责的主管人员和其他直接责任人员依法给予处分；情节严重构成犯罪的，依法追究刑事责任。

第八十三条　行政机关对应当予以制止和处罚的违法行为不予制止、处罚，致使公民、法人或者其他组织的合法权益、公共利益和社会秩序遭受损害的，对直接负责的主管人员和其他直接责任人员依法给予处分；情节严重构成犯罪的，依法追究刑事责任。

第八章　附　　则

第八十四条　外国人、无国籍人、外国组织在中华人民共和国领域内有违法行为,应当给予行政处罚的,适用本法,法律另有规定的除外。

第八十五条 本法中"二日""三日""五日""七日"的规定是指工作日,不含法定节假日。

第八十六条 本法自 2021 年 7 月 15 日起施行。

中华人民共和国行政强制法

（2011年6月30日第十一届全国人民代表大会常务委员会第二十一次会议通过 2011年6月30日中华人民共和国主席令第49号公布 自2012年1月1日起施行）

目 录

第一章 总 则
第二章 行政强制的种类和设定
第三章 行政强制措施实施程序
　第一节 一般规定
　第二节 查封、扣押
　第三节 冻 结
第四章 行政机关强制执行程序
　第一节 一般规定
　第二节 金钱给付义务的执行
　第三节 代 履 行
第五章 申请人民法院强制执行
第六章 法律责任
第七章 附 则

第一章 总 则

第一条 为了规范行政强制的设定和实施，保障和监督行政机关依法履行职责，维护公共利益和社会秩序，保护公民、法人和其他组织的合法权益，根据宪法，制定本法。

第二条 本法所称行政强制，包括行政强制措施和行政强制执行。

行政强制措施，是指行政机关在行政管理过程中，为制止违法行为、防止证据损毁、避免危害发生、控制危险扩大等情形，依法对公民的人身自由实施暂时性限制，或者对公民、法人或者其他组织的财物实施暂时性控制的行为。

行政强制执行，是指行政机关或者行政机关申请人民法院，对不履行行政决定的公民、法人或者其他组织，依法强制履行义务的行为。

第三条 行政强制的设定和实施，适用本法。

发生或者即将发生自然灾害、事故灾难、公共卫生事件或者社会安全事件等突发事件，行政机关采取应急措施或者临时措施，依照有关法律、行政法规的规定执行。

行政机关采取金融业审慎监管措施、进出境货物强制性技术监控措施，依照有关法律、行政法规的规定执行。

第四条 行政强制的设定和实施，应当依照法定的权限、范围、条件和程序。

第五条 行政强制的设定和实施，应当适当。采用非强制手段可以达到行政管理目的的，不得设定和实施行政强制。

第六条 实施行政强制,应当坚持教育与强制相结合。

第七条 行政机关及其工作人员不得利用行政强制权为单位或者个人谋取利益。

第八条 公民、法人或者其他组织对行政机关实施行政强制,享有陈述权、申辩权;有权依法申请行政复议或者提起行政诉讼;因行政机关违法实施行政强制受到损害的,有权依法要求赔偿。

公民、法人或者其他组织因人民法院在强制执行中有违法行为或者扩大强制执行范围受到损害的,有权依法要求赔偿。

第二章 行政强制的种类和设定

第九条 行政强制措施的种类:

(一) 限制公民人身自由;

(二) 查封场所、设施或者财物;

(三) 扣押财物;

(四) 冻结存款、汇款;

(五) 其他行政强制措施。

第十条 行政强制措施由法律设定。

尚未制定法律,且属于国务院行政管理职权事项的,行政法规可以设定除本法第九条第一项、第四项和应当由法律规定的行政强制措施以外的其他行政强制措施。

尚未制定法律、行政法规,且属于地方性事务的,地方性法规可以设定本法第九条第二项、第三项的行政强制措施。

法律、法规以外的其他规范性文件不得设定行政强制措施。

第十一条 法律对行政强制措施的对象、条件、种类作了规定的，行政法规、地方性法规不得作出扩大规定。

法律中未设定行政强制措施的，行政法规、地方性法规不得设定行政强制措施。但是，法律规定特定事项由行政法规规定具体管理措施的，行政法规可以设定除本法第九条第一项、第四项和应当由法律规定的行政强制措施以外的其他行政强制措施。

第十二条 行政强制执行的方式：

（一）加处罚款或者滞纳金；

（二）划拨存款、汇款；

（三）拍卖或者依法处理查封、扣押的场所、设施或者财物；

（四）排除妨碍、恢复原状；

（五）代履行；

（六）其他强制执行方式。

第十三条 行政强制执行由法律设定。

法律没有规定行政机关强制执行的，作出行政决定的行政机关应当申请人民法院强制执行。

第十四条 起草法律草案、法规草案，拟设定行政强制的，起草单位应当采取听证会、论证会等形式听取意见，并向制定机关说明设定该行政强制的必要性、可能产生的影响以及听取和采纳意见的情况。

第十五条 行政强制的设定机关应当定期对其设定的行政强制进行评价，并对不适当的行政强制及时予以修改或者废止。

行政强制的实施机关可以对已设定的行政强制的实施情况

及存在的必要性适时进行评价，并将意见报告该行政强制的设定机关。

公民、法人或者其他组织可以向行政强制的设定机关和实施机关就行政强制的设定和实施提出意见和建议。有关机关应当认真研究论证，并以适当方式予以反馈。

第三章 行政强制措施实施程序

第一节 一般规定

第十六条 行政机关履行行政管理职责，依照法律、法规的规定，实施行政强制措施。

违法行为情节显著轻微或者没有明显社会危害的，可以不采取行政强制措施。

第十七条 行政强制措施由法律、法规规定的行政机关在法定职权范围内实施。行政强制措施权不得委托。

依据《中华人民共和国行政处罚法》的规定行使相对集中行政处罚权的行政机关，可以实施法律、法规规定的与行政处罚权有关的行政强制措施。

行政强制措施应当由行政机关具备资格的行政执法人员实施，其他人员不得实施。

第十八条 行政机关实施行政强制措施应当遵守下列规定：

（一）实施前须向行政机关负责人报告并经批准；

（二）由两名以上行政执法人员实施；

（三）出示执法身份证件；

（四）通知当事人到场；

（五）当场告知当事人采取行政强制措施的理由、依据以及当事人依法享有的权利、救济途径；

（六）听取当事人的陈述和申辩；

（七）制作现场笔录；

（八）现场笔录由当事人和行政执法人员签名或者盖章，当事人拒绝的，在笔录中予以注明；

（九）当事人不到场的，邀请见证人到场，由见证人和行政执法人员在现场笔录上签名或者盖章；

（十）法律、法规规定的其他程序。

第十九条 情况紧急，需要当场实施行政强制措施的，行政执法人员应当在二十四小时内向行政机关负责人报告，并补办批准手续。行政机关负责人认为不应当采取行政强制措施的，应当立即解除。

第二十条 依照法律规定实施限制公民人身自由的行政强制措施，除应当履行本法第十八条规定的程序外，还应当遵守下列规定：

（一）当场告知或者实施行政强制措施后立即通知当事人家属实施行政强制措施的行政机关、地点和期限；

（二）在紧急情况下当场实施行政强制措施的，在返回行政机关后，立即向行政机关负责人报告并补办批准手续；

（三）法律规定的其他程序。

实施限制人身自由的行政强制措施不得超过法定期限。实施行政强制措施的目的已经达到或者条件已经消失，应当立即解除。

第二十一条　违法行为涉嫌犯罪应当移送司法机关的，行政机关应当将查封、扣押、冻结的财物一并移送，并书面告知当事人。

第二节　查封、扣押

第二十二条　查封、扣押应当由法律、法规规定的行政机关实施，其他任何行政机关或者组织不得实施。

第二十三条　查封、扣押限于涉案的场所、设施或者财物，不得查封、扣押与违法行为无关的场所、设施或者财物；不得查封、扣押公民个人及其所扶养家属的生活必需品。

当事人的场所、设施或者财物已被其他国家机关依法查封的，不得重复查封。

第二十四条　行政机关决定实施查封、扣押的，应当履行本法第十八条规定的程序，制作并当场交付查封、扣押决定书和清单。

查封、扣押决定书应当载明下列事项：

（一）当事人的姓名或者名称、地址；

（二）查封、扣押的理由、依据和期限；

（三）查封、扣押场所、设施或者财物的名称、数量等；

（四）申请行政复议或者提起行政诉讼的途径和期限；

（五）行政机关的名称、印章和日期。

查封、扣押清单一式二份，由当事人和行政机关分别保存。

第二十五条　查封、扣押的期限不得超过三十日；情况复杂的，经行政机关负责人批准，可以延长，但是延长期限不得超过三十日。法律、行政法规另有规定的除外。

延长查封、扣押的决定应当及时书面告知当事人，并说明理由。

对物品需要进行检测、检验、检疫或者技术鉴定的，查封、扣押的期间不包括检测、检验、检疫或者技术鉴定的期间。检测、检验、检疫或者技术鉴定的期间应当明确，并书面告知当事人。检测、检验、检疫或者技术鉴定的费用由行政机关承担。

第二十六条 对查封、扣押的场所、设施或者财物，行政机关应当妥善保管，不得使用或者损毁；造成损失的，应当承担赔偿责任。

对查封的场所、设施或者财物，行政机关可以委托第三人保管，第三人不得损毁或者擅自转移、处置。因第三人的原因造成的损失，行政机关先行赔付后，有权向第三人追偿。

因查封、扣押发生的保管费用由行政机关承担。

第二十七条 行政机关采取查封、扣押措施后，应当及时查清事实，在本法第二十五条规定的期限内作出处理决定。对违法事实清楚，依法应当没收的非法财物予以没收；法律、行政法规规定应当销毁的，依法销毁；应当解除查封、扣押的，作出解除查封、扣押的决定。

第二十八条 有下列情形之一的，行政机关应当及时作出解除查封、扣押决定：

（一）当事人没有违法行为；

（二）查封、扣押的场所、设施或者财物与违法行为无关；

（三）行政机关对违法行为已经作出处理决定，不再需要查封、扣押；

（四）查封、扣押期限已经届满；

（五）其他不再需要采取查封、扣押措施的情形。

解除查封、扣押应当立即退还财物；已将鲜活物品或者其他不易保管的财物拍卖或者变卖的，退还拍卖或者变卖所得款项。变卖价格明显低于市场价格，给当事人造成损失的，应当给予补偿。

第三节 冻 结

第二十九条 冻结存款、汇款应当由法律规定的行政机关实施，不得委托给其他行政机关或者组织；其他任何行政机关或者组织不得冻结存款、汇款。

冻结存款、汇款的数额应当与违法行为涉及的金额相当；已被其他国家机关依法冻结的，不得重复冻结。

第三十条 行政机关依照法律规定决定实施冻结存款、汇款的，应当履行本法第十八条第一项、第二项、第三项、第七项规定的程序，并向金融机构交付冻结通知书。

金融机构接到行政机关依法作出的冻结通知书后，应当立即予以冻结，不得拖延，不得在冻结前向当事人泄露信息。

法律规定以外的行政机关或者组织要求冻结当事人存款、汇款的，金融机构应当拒绝。

第三十一条 依照法律规定冻结存款、汇款的，作出决定的行政机关应当在三日内向当事人交付冻结决定书。冻结决定书应当载明下列事项：

（一）当事人的姓名或者名称、地址；

（二）冻结的理由、依据和期限；

（三）冻结的账号和数额；

（四）申请行政复议或者提起行政诉讼的途径和期限；

（五）行政机关的名称、印章和日期。

第三十二条 自冻结存款、汇款之日起三十日内，行政机关应当作出处理决定或者作出解除冻结决定；情况复杂的，经行政机关负责人批准，可以延长，但是延长期限不得超过三十日。法律另有规定的除外。

延长冻结的决定应当及时书面告知当事人，并说明理由。

第三十三条 有下列情形之一的，行政机关应当及时作出解除冻结决定：

（一）当事人没有违法行为；

（二）冻结的存款、汇款与违法行为无关；

（三）行政机关对违法行为已经作出处理决定，不再需要冻结；

（四）冻结期限已经届满；

（五）其他不再需要采取冻结措施的情形。

行政机关作出解除冻结决定的，应当及时通知金融机构和当事人。金融机构接到通知后，应当立即解除冻结。

行政机关逾期未作出处理决定或者解除冻结决定的，金融机构应当自冻结期满之日起解除冻结。

第四章 行政机关强制执行程序

第一节 一般规定

第三十四条 行政机关依法作出行政决定后，当事人在行政机关决定的期限内不履行义务的,具有行政强制执行权的行政机关依照本章规定强制执行。

第三十五条 行政机关作出强制执行决定前,应当事先催告当事人履行义务。催告应当以书面形式作出,并载明下列事项:

(一) 履行义务的期限;

(二) 履行义务的方式;

(三) 涉及金钱给付的,应当有明确的金额和给付方式;

(四) 当事人依法享有的陈述权和申辩权。

第三十六条 当事人收到催告书后有权进行陈述和申辩。行政机关应当充分听取当事人的意见,对当事人提出的事实、理由和证据,应当进行记录、复核。当事人提出的事实、理由或者证据成立的,行政机关应当采纳。

第三十七条 经催告,当事人逾期仍不履行行政决定,且无正当理由的,行政机关可以作出强制执行决定。

强制执行决定应当以书面形式作出,并载明下列事项:

(一) 当事人的姓名或者名称、地址;

(二) 强制执行的理由和依据;

(三) 强制执行的方式和时间;

(四) 申请行政复议或者提起行政诉讼的途径和期限;

(五) 行政机关的名称、印章和日期。

在催告期间,对有证据证明有转移或者隐匿财物迹象的,行政机关可以作出立即强制执行决定。

第三十八条 催告书、行政强制执行决定书应当直接送达当事人。当事人拒绝接收或者无法直接送达当事人的,应当依照《中华人民共和国民事诉讼法》的有关规定送达。

第三十九条 有下列情形之一的,中止执行:

(一)当事人履行行政决定确有困难或者暂无履行能力的;

(二)第三人对执行标的主张权利,确有理由的;

(三)执行可能造成难以弥补的损失,且中止执行不损害公共利益的;

(四)行政机关认为需要中止执行的其他情形。

中止执行的情形消失后,行政机关应当恢复执行。对没有明显社会危害,当事人确无能力履行,中止执行满三年未恢复执行的,行政机关不再执行。

第四十条 有下列情形之一的,终结执行:

(一)公民死亡,无遗产可供执行,又无义务承受人的;

(二)法人或者其他组织终止,无财产可供执行,又无义务承受人的;

(三)执行标的灭失的;

(四)据以执行的行政决定被撤销的;

(五)行政机关认为需要终结执行的其他情形。

第四十一条 在执行中或者执行完毕后,据以执行的行政决定被撤销、变更,或者执行错误的,应当恢复原状或者退还财物;不能恢复原状或者退还财物的,依法给予赔偿。

第四十二条 实施行政强制执行,行政机关可以在不损害公共利益和他人合法权益的情况下,与当事人达成执行协议。执行协议可以约定分阶段履行;当事人采取补救措施的,可以减免加处的罚款或者滞纳金。

执行协议应当履行。当事人不履行执行协议的,行政机关应当恢复强制执行。

第四十三条　行政机关不得在夜间或者法定节假日实施行政强制执行。但是，情况紧急的除外。

行政机关不得对居民生活采取停止供水、供电、供热、供燃气等方式迫使当事人履行相关行政决定。

第四十四条　对违法的建筑物、构筑物、设施等需要强制拆除的，应当由行政机关予以公告，限期当事人自行拆除。当事人在法定期限内不申请行政复议或者提起行政诉讼，又不拆除的，行政机关可以依法强制拆除。

第二节　金钱给付义务的执行

第四十五条　行政机关依法作出金钱给付义务的行政决定，当事人逾期不履行的，行政机关可以依法加处罚款或者滞纳金。加处罚款或者滞纳金的标准应当告知当事人。

加处罚款或者滞纳金的数额不得超出金钱给付义务的数额。

第四十六条　行政机关依照本法第四十五条规定实施加处罚款或者滞纳金超过三十日，经催告当事人仍不履行的，具有行政强制执行权的行政机关可以强制执行。

行政机关实施强制执行前，需要采取查封、扣押、冻结措施的，依照本法第三章规定办理。

没有行政强制执行权的行政机关应当申请人民法院强制执行。但是，当事人在法定期限内不申请行政复议或者提起行政诉讼，经催告仍不履行的，在实施行政管理过程中已经采取查封、扣押措施的行政机关，可以将查封、扣押的财物依法拍卖抵缴罚款。

第四十七条　划拨存款、汇款应当由法律规定的行政机关决定，并书面通知金融机构。金融机构接到行政机关依法作出划拨存款、汇款的决定后，应当立即划拨。

法律规定以外的行政机关或者组织要求划拨当事人存款、汇款的，金融机构应当拒绝。

第四十八条 依法拍卖财物，由行政机关委托拍卖机构依照《中华人民共和国拍卖法》的规定办理。

第四十九条 划拨的存款、汇款以及拍卖和依法处理所得的款项应当上缴国库或者划入财政专户。任何行政机关或者个人不得以任何形式截留、私分或者变相私分。

第三节 代 履 行

第五十条 行政机关依法作出要求当事人履行排除妨碍、恢复原状等义务的行政决定，当事人逾期不履行，经催告仍不履行，其后果已经或者将危害交通安全、造成环境污染或者破坏自然资源的，行政机关可以代履行，或者委托没有利害关系的第三人代履行。

第五十一条 代履行应当遵守下列规定：

（一）代履行前送达决定书，代履行决定书应当载明当事人的姓名或者名称、地址，代履行的理由和依据、方式和时间、标的、费用预算以及代履行人；

（二）代履行三日前，催告当事人履行，当事人履行的，停止代履行；

（三）代履行时，作出决定的行政机关应当派员到场监督；

（四）代履行完毕，行政机关到场监督的工作人员、代履行人和当事人或者见证人应当在执行文书上签名或者盖章。

代履行的费用按照成本合理确定,由当事人承担。但是,法律另有规定的除外。

代履行不得采用暴力、胁迫以及其他非法方式。

第五十二条 需要立即清除道路、河道、航道或者公共场所的遗洒物、障碍物或者污染物,当事人不能清除的,行政机关可以决定立即实施代履行;当事人不在场的,行政机关应当在事后立即通知当事人,并依法作出处理。

第五章 申请人民法院强制执行

第五十三条 当事人在法定期限内不申请行政复议或者提起行政诉讼,又不履行行政决定的,没有行政强制执行权的行政机关可以自期限届满之日起三个月内,依照本章规定申请人民法院强制执行。

第五十四条 行政机关申请人民法院强制执行前,应当催告当事人履行义务。催告书送达十日后当事人仍未履行义务的,行政机关可以向所在地有管辖权的人民法院申请强制执行;执行对象是不动产的,向不动产所在地有管辖权的人民法院申请强制执行。

第五十五条 行政机关向人民法院申请强制执行,应当提供下列材料:

(一)强制执行申请书;

(二)行政决定书及作出决定的事实、理由和依据;

(三)当事人的意见及行政机关催告情况;

(四)申请强制执行标的情况;

（五）法律、行政法规规定的其他材料。

强制执行申请书应当由行政机关负责人签名，加盖行政机关的印章，并注明日期。

第五十六条 人民法院接到行政机关强制执行的申请，应当在五日内受理。

行政机关对人民法院不予受理的裁定有异议的，可以在十五日内向上一级人民法院申请复议，上一级人民法院应当自收到复议申请之日起十五日内作出是否受理的裁定。

第五十七条 人民法院对行政机关强制执行的申请进行书面审查，对符合本法第五十五条规定，且行政决定具备法定执行效力的，除本法第五十八条规定的情形外，人民法院应当自受理之日起七日内作出执行裁定。

第五十八条 人民法院发现有下列情形之一的，在作出裁定前可以听取被执行人和行政机关的意见：

（一）明显缺乏事实根据的；

（二）明显缺乏法律、法规依据的；

（三）其他明显违法并损害被执行人合法权益的。

人民法院应当自受理之日起三十日内作出是否执行的裁定。裁定不予执行的，应当说明理由，并在五日内将不予执行的裁定送达行政机关。

行政机关对人民法院不予执行的裁定有异议的，可以自收到裁定之日起十五日内向上一级人民法院申请复议，上一级人民法院应当自收到复议申请之日起三十日内作出是否执行的裁定。

第五十九条 因情况紧急，为保障公共安全，行政机关可以申请人民法院立即执行。经人民法院院长批准，人民法院应当自作出执行裁定之日起五日内执行。

第六十条 行政机关申请人民法院强制执行，不缴纳申请费。强制执行的费用由被执行人承担。

人民法院以划拨、拍卖方式强制执行的，可以在划拨、拍卖后将强制执行的费用扣除。

依法拍卖财物，由人民法院委托拍卖机构依照《中华人民共和国拍卖法》的规定办理。

划拨的存款、汇款以及拍卖和依法处理所得的款项应当上缴国库或者划入财政专户，不得以任何形式截留、私分或者变相私分。

第六章 法律责任

第六十一条 行政机关实施行政强制，有下列情形之一的，由上级行政机关或者有关部门责令改正，对直接负责的主管人员和其他直接责任人员依法给予处分：

（一）没有法律、法规依据的；

（二）改变行政强制对象、条件、方式的；

（三）违反法定程序实施行政强制的；

（四）违反本法规定，在夜间或者法定节假日实施行政强制执行的；

（五）对居民生活采取停止供水、供电、供热、供燃气等方式迫使当事人履行相关行政决定的；

（六）有其他违法实施行政强制情形的。

第六十二条 违反本法规定，行政机关有下列情形之一的，由上级行政机关或者有关部门责令改正，对直接负责的主管人员和其他直接责任人员依法给予处分：

（一）扩大查封、扣押、冻结范围的；

（二）使用或者损毁查封、扣押场所、设施或者财物的；

（三）在查封、扣押法定期间不作出处理决定或者未依法及时解除查封、扣押的；

（四）在冻结存款、汇款法定期间不作出处理决定或者未依法及时解除冻结的。

第六十三条　行政机关将查封、扣押的财物或者划拨的存款、汇款以及拍卖和依法处理所得的款项，截留、私分或者变相私分的，由财政部门或者有关部门予以追缴；对直接负责的主管人员和其他直接责任人员依法给予记大过、降级、撤职或者开除的处分。

行政机关工作人员利用职务上的便利，将查封、扣押的场所、设施或者财物据为己有的，由上级行政机关或者有关部门责令改正，依法给予记大过、降级、撤职或者开除的处分。

第六十四条　行政机关及其工作人员利用行政强制权为单位或者个人谋取利益的，由上级行政机关或者有关部门责令改正，对直接负责的主管人员和其他直接责任人员依法给予处分。

第六十五条　违反本法规定，金融机构有下列行为之一的，由金融业监督管理机构责令改正，对直接负责的主管人员和其他直接责任人员依法给予处分：

（一）在冻结前向当事人泄露信息的；

（二）对应当立即冻结、划拨的存款、汇款不冻结或者不划拨，致使存款、汇款转移的；

（三）将不应当冻结、划拨的存款、汇款予以冻结或者划拨的；

（四）未及时解除冻结存款、汇款的。

第六十六条　违反本法规定，金融机构将款项划入国库或者财政专户以外的其他账户的，由金融业监督管理机构责令改正，并处以违法划拨款项二倍的罚款；对直接负责的主管人员和其他直接责任人员依法给予处分。

违反本法规定，行政机关、人民法院指令金融机构将款项划入国库或者财政专户以外的其他账户的，对直接负责的主管人员和其他直接责任人员依法给予处分。

第六十七条　人民法院及其工作人员在强制执行中有违法行为或者扩大强制执行范围的，对直接负责的主管人员和其他直接责任人员依法给予处分。

第六十八条　违反本法规定，给公民、法人或者其他组织造成损失的，依法给予赔偿。

违反本法规定，构成犯罪的，依法追究刑事责任。

第七章　附　　则

第六十九条　本法中十日以内期限的规定是指工作日，不含法定节假日。

第七十条　法律、行政法规授权的具有管理公共事务职能的组织在法定授权范围内，以自己的名义实施行政强制，适用本法有关行政机关的规定。

第七十一条　本法自 2012 年 1 月 1 日起施行。

图书在版编目（CIP）数据

城市管理执法办法理解与适用／王敬波主编. —2版. —北京：中国法制出版社，2022.10
ISBN 978-7-5216-2897-5

Ⅰ.①城… Ⅱ.①王… Ⅲ.①城市管理-行政执法-法律解释-中国②城市管理-行政执法-法律适用-中国 Ⅳ.①D922.297.5②D922.115

中国版本图书馆 CIP 数据核字（2022）第 170629 号

策划编辑：王 熹　　责任编辑：赵律玮　　封面设计：杨泽江

城市管理执法办法理解与适用
CHENGSHI GUANLI ZHIFA BANFA LIJIE YU SHIYONG

主编／王敬波
经销／新华书店
印刷／三河市紫恒印装有限公司
开本／880 毫米×1230 毫米　32 开　　　印张／10　字数／166 千
版次／2022 年 10 月第 2 版　　　　　　2022 年 10 月第 1 次印刷

中国法制出版社出版
书号 ISBN 978-7-5216-2897-5　　　　　　　　定价：39.00 元

北京市西城区西便门西里甲 16 号西便门办公区
邮政编码：100053　　　　　　　　传真：010-63141600
网址：http：//www.zgfzs.com　　　编辑部电话：010-63141793
市场营销部电话：010-63141612　　印务部电话：010-63141606

（如有印装质量问题，请与本社印务部联系。）